HSK도 역시 맛있는 중국어!

맛있는 books
www.booksJRC.com

쉽고 재미있게 배우는 중국어의 정석!
중국어 회화 시리즈

회화의 기본 표현 마스터
생생한 표현과 살아 있는 문장 수록
스피킹 중국어 시리즈
입문·초급

  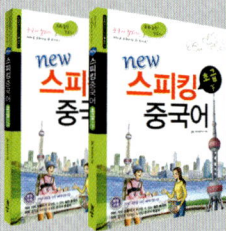

| 스피킹 중국어 첫걸음 | 스피킹 중국어 첫걸음 Level up | 스피킹 중국어 입문 | 스피킹 중국어 초급 上 | 스피킹 중국어 초급 下 |

고급 프리토킹 능력 습득
주제별 회화 학습 가능
스피킹 중국어 시리즈
초중급·고급

| 스피킹 중국어 실력향상 | 스피킹 중국어 중급 上 | 스피킹 중국어 중급 下 | 스피킹 중국어 고급 上 | 스피킹 중국어 고급 下 |

재미와 감동, 문화까지 독해
어법과 어감을 통한 작문
이론과 트레이닝의 결합! 어법
60가지 생활 밀착형 회화 듣기
맛있는 중국어 기본서 시리즈

| 맛있는 중국어 독해 ❶·❷ | 맛있는 중국어 작문 ❶·❷ | 맛있는 중국어 어법 | 맛있는 중국어 듣기 |

제대로 알고 쓰는 간체자
정확히 알고 말하는 필수 단어
맛있는 중국어 쓰기·단어

| 맛있는 중국어 간체자 391 | 맛있는 중국어 필수 단어 1400 |

new 스피킹 중국어 초급 下

초 판 1쇄 발행	2009년 1월 23일
개정판 1쇄 발행	2013년 5월 10일
개정판 7쇄 발행	2019년 9월 10일

저자	JRC 중국어연구소
발행인	김효정
발행처	맛있는books
등록번호	제2006-000273호
편집	최정임 l 조해천
디자인	이솔잎
제작	박선희
영업	김영한 l 강민호 l 장탐이나
마케팅	이지연
삽화	plug
녹음	于海峰 l 曹红梅 l 曲晓茹

주소	서울 강남구 테헤란로 109, 3층
전화	구입문의 02·567·3861 l 02·567·3837
	내용문의 02·567·3860
팩스	02·567·2471
홈페이지	www.booksJRC.com

ISBN	978-89-98444-14-3 14720
	978-89-98444-13-6 (세트)
가격	15,000원 (MP3 파일 무료 다운로드 포함)

Copyright © 2013 맛있는books

출판사의 허락 없이 이 책의 일부 또는 전부를 무단 복사·전재·발췌할 수 없습니다.
잘못된 책은 구입처에서 바꿔 드립니다.

이 도서의 국립중앙도서관 출판예정도서목록(CIP)은 서지정보유통지원시스템 홈페이지(http://seoji.nl.go.kr)와
국가자료공동목록시스템(http://www.nl.go.kr/kolisnet)에서 이용하실 수 있습니다. (CIP제어번호 : CIP2013003737)

new 스피킹 중국어 초급 下

머리말

　　本书是专为以韩语为母语的学习者学习汉语而编写的一套初级会话教材。本教材主要针对学习六个月以上汉语, 具有一定汉语基础的学生或者对汉语有兴趣的读者使用。

　　此书的特点在于趣味性和实用性很强。会话和课文语言浅显, 内容广泛, 贴近中国人现在的生活。

　　初级教材共两册24课。每课包括主要句子、生词、会话、说一说、听一听、课文、语法、写一写等几部分。每学完一课, 还附有几个常用的句子, 供学生课外学习使用。

　　在编写这本初级教材的过程中, 特别感谢陈鹏老师在此过程中给予的很多具体的帮助。还要特别感谢JRC汉语补习班的金孝贞院长、赵丽娟老师和各位同事们的支持和帮助。

　　期待适用本教材的老师们和学习者提出宝贵的意见, 以便对本教材作出进一步的修改。

JRC 중국어연구소·申丽

『**스피킹 중국어_초급**』은 한국어가 모국어인 중국어 학습자를 위해 만든 초급 회화 교재입니다. 6개월 이상 중국어를 학습하여 중국어에 대한 기초적인 지식이 있는 학생이나 중국어에 관심이 있는 독자를 대상으로 합니다.

이 책의 특징은 재미와 실용성이 강하다는 것입니다. 회화와 본문이 간단명료하여 이해하기 쉽고, 보편적인 내용이며, 중국인의 실생활에 가깝습니다.

이 책은 총 2권 24과로 구성되어 있습니다. 매 과는 '주요 표현, 단어, 회화, 말하기, 듣기, 본문, 어법, 쓰기' 등으로 구성되어 있습니다. 매 과 끝에는 자주 쓰이는 표현을 첨부하여, 학생들이 수업 외에도 학습할 수 있도록 했습니다.

집필 중 많은 도움을 주신 천펑 선생님께 특히 감사드립니다. 또한 JRC중국어학원 김효정 원장님, 자오리쥐엔 선생님과 모든 동료 선생님들의 격려와 도움에 감사드립니다.

『**스피킹 중국어_초급**』의 발전을 위해 이 책을 활용하시는 선생님들과 학습자 여러분의 귀한 의견을 기대합니다.

JRC 중국어연구소·션리

이 책의 차례

머리말   004
이 책의 구성   008
이 책의 친구들   012

chapter 01 일상생활
地铁上的外国人! 지하철의 외국인!   013
1. 가장 기억에 남는 일
2. 가장 놀랐던 일

어법 ……得很 | 不然 | 겸어문 | 百分之……

chapter 02 결혼
别说结婚跟钱没关系 결혼이 돈과 상관없다고 말하지 마세요   027
1. 이상형①
2. 이상형②

어법 越来越…… | 哪有啊 | 说 | 能 + 동사₁ + 会 + 동사₂

chapter 03 경제생활
这样赚钱是最划算的! 이렇게 돈 버는 게 가장 수지 맞는 거예요!   041
1. 주식①
2. 주식②

어법 划算 | 做梦 | 万一 | 狠狠地

chapter 04 여행
护照不见了 여권이 없어졌어요   055
1. 여행①
2. 여행②

어법 비교문의 부정 | 虽说……但是…… | 只好 | 大不了

chapter 05 학교생활
我是广播员 저는 아나운서예요   069
1. 과외 활동①
2. 과외 활동②

어법 결과보어 上 | ……吧……; ……吧……; ……吧…… | 尽管……但是…… | 并

chapter 06 사랑1
我有心上人了 마음에 둔 사람이 생겼어요   083
1. 짝사랑①
2. 짝사랑②

어법 ……来着 | 반어문 | 결과보어 住 | 단음절 형용사의 중첩

chapter 07 음식
我喜欢美食 전 맛있는 음식을 좋아해요   97
1. 중국 요리
2. 한국 요리

어법 那可不 | 가능보어 惯 | 결과보어 遍 | 现 + 동사₁ + 现 + 동사₂

chapter 08 음주 문화
你的压力大吗? 당신의 스트레스는 심한가요?   111
1. 한국의 음주 문화
2. 식사 대접

어법 一 + 양사 + 比 + 一 + 양사 | 还不是 | 又 | 不用

chapter 09 문화차이
你对中国的印象怎么样? 중국에 대한 당신의 인상은 어떤가요?   125
1. 애정 표현
2. 성형수술

어법 要说 | 光 | 可不是吗 | 顶多

chapter 10 유학
我又不是花花公子! 저는 바람둥이가 아니에요!   139
1. 유학①
2. 유학②

어법 才 | 再说 | 这么 | 像……一样

chapter 11 사랑 2
相见不如怀念! 만나는 것은 그리워하는 것만 못해요!   153
1. 그리움
2. 첫사랑

어법 什么呀 | 难免 | 一肚子 | 谁知

chapter 12 여가생활
游乐园 유원지   167
1. 놀이공원①
2. 놀이공원②

어법 可 + 동사 + 的 | 不管……都…… | 기간 + 没 + 동사 + 了 | 동사의 중첩

부록 정답 및 해석   182
찾아보기   193

句子 PLUS
권고 | 직업 | 편의 시설 | 여행 | 무력함 | 도움 | 곤란함 | 거절 | 놀람 | 실망 | 경고 | 칭찬

중국 엿보기
베이징 | 왕푸징 | 류리창 | 판자위안 | 후통 | 난뤄구샹 후통 | 구러우 후통 | 스차하이 후통 | 슈수이제 | 싼리툰 | 구이제 | 다산쯔 789 거리

이 책의 구성

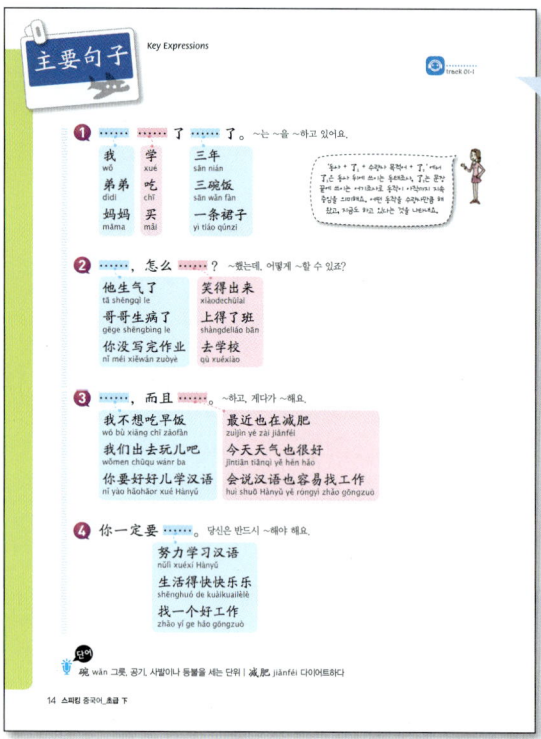

主要句子 KEY EXPRESSIONS
주요 표현만 모았다!
한 과에 네 개씩, 총 48개의 주옥 같은 표현만 정복한다면 중국어 회화는 걱정 없어요!

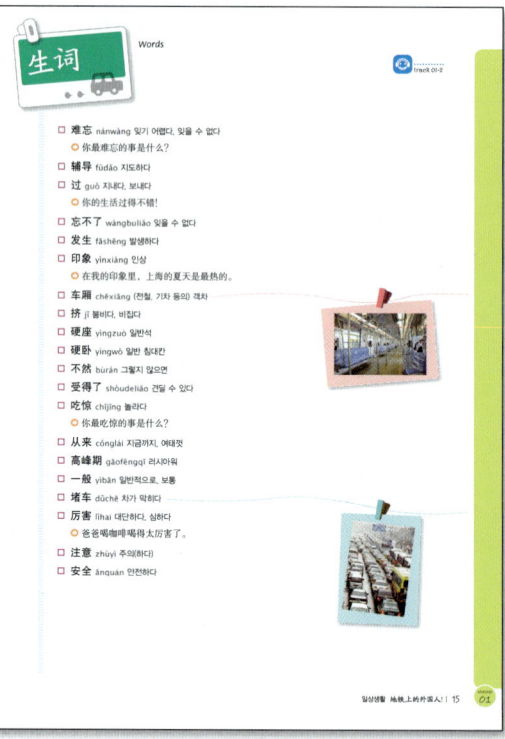

生词 WORDS
예문과 함께 익히는 단어!
암기 정도를 확인할 수 있도록 체크 박스와 중요 단어의 예문을 수록했어요.

会话 DIALOGUE

동건이와 그의 친구들이 펼치는 중국 생활기!
다양한 상황을 통해 중국어 실력을 배양해 보세요.

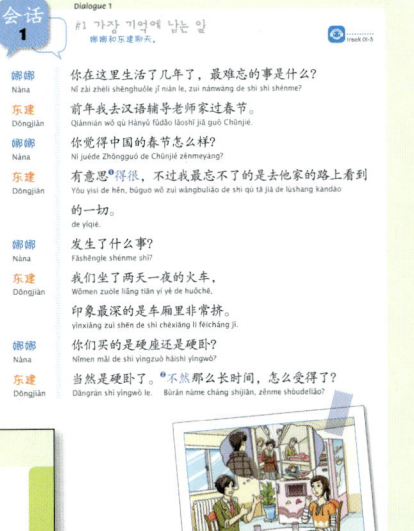

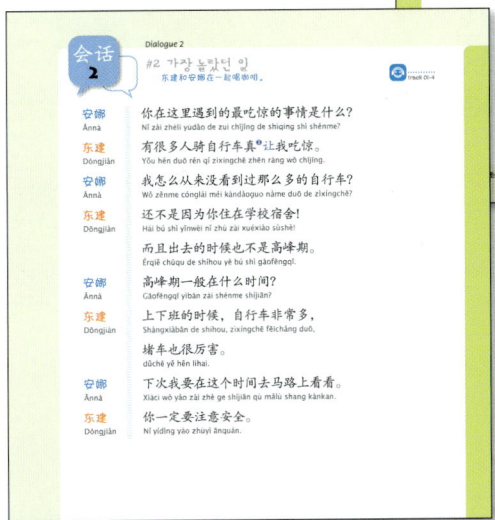

说一说 SPEAKING

「说一说1」는 회화를 얼마나 열심히 공부했는지 알아볼 수 있는 코너예요. 「说一说2」에서는 여러분의 이야기를 중국어로 표현할 수 있답니다.

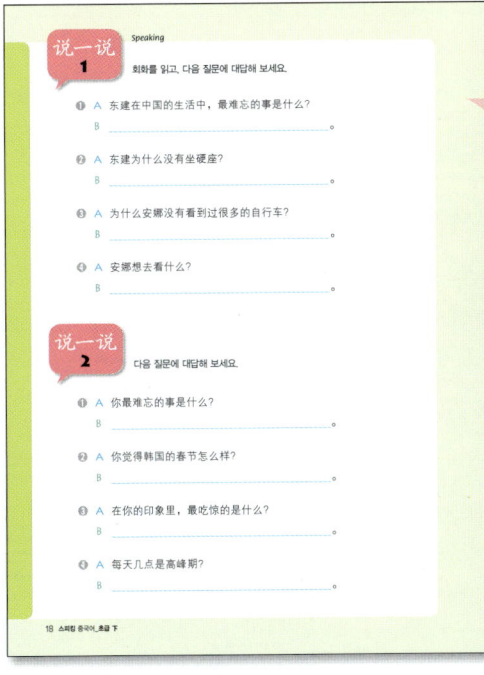

课文 TEXT
독해력 기르기!
정확히 해석하고, 다시 본인의 입으로 스토리를 중국어로 말해 보세요.

听一听 LISTENING
듣기가 즐겁다!
회화의 기본은 듣기!
녹음을 듣고 다양한 문제를 풀어 보세요.

写一写 WRITING
쓰기는 외국어 학습의 마무리!
부담 없이 빈칸 채우기로 시작해서, 중작으로 마무리합니다.

语法 GRAMMAR
핵심 어법만 쏙쏙!
스피킹에 꼭 필요한 어법만 학습해 보세요.

练习 EXERCISE

제대로 연습하기!

그림 보고 말하기, 표현 연습, 도전 스피킹 중국어 등 다양한 문제로 자신의 실력을 체크해 보세요.

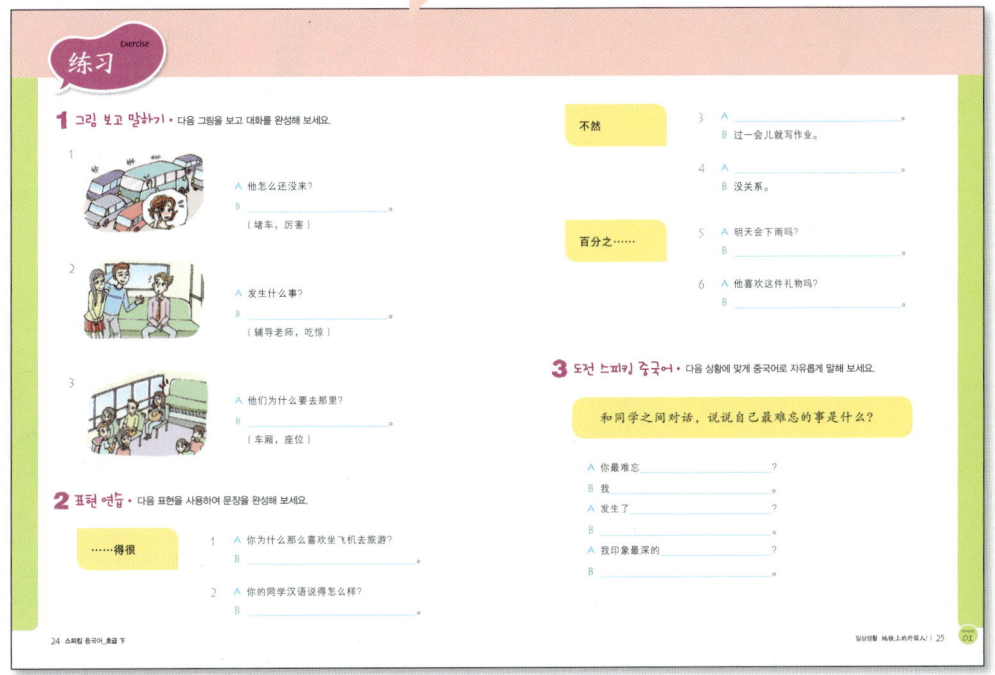

중국 엿보기 - 베이징

중국의 이모저모를 알아보는 공간입니다.
『스피킹 중국어 초급_下』에서는 중국의 수도 베이징의 구석구석을 소개합니다.

句子 PLUS

테마별 표현 익히기!

같은 상황이라도 필요한 말은 다른 법, 여러 가지 표현을 익혀 보세요.

이 책의 친구들

동건 东建
한국인, 20대 후반,
회사원(중국에서 근무)

나나 娜娜
중국인, 20대 중반,
대학생

하오민 浩民
중국인, 20대 중반,
지원의 남편, 회사원

지원 智媛
한국인, 20대 중반,
하오민의 부인, 백조

영애 英爱
한국인, 20대 초반,
동건의 여동생, 중문과 학생

상민 尚民
한국인, 10대 후반,
동건의 남동생

리리 丽丽
중국인, 20대 초반,
대학생

안나 安娜
미국인, 20대 초반,
유학생

야마모토 山本
일본인, 20대 초반,
유학생

일상생활
地铁上的外国人!

chapter 01

Dialogue

이 과의 **회화**
1 가장 기억에 남는 일
  娜娜和东建聊天。
2 가장 놀랐던 일
  东建和安娜在一起喝咖啡。

Grammar

이 과의 **어법**
1 ……得很
2 不然
3 겸어문
4 百分之……

Key Expressions

① …… …… 了 …… 了。 ~는 ~을 ~하고 있어요.

我 wǒ	学 xué	三年 sān nián
弟弟 dìdi	吃 chī	三碗饭 sān wǎn fàn
妈妈 māma	买 mǎi	一条裙子 yì tiáo qúnzi

'동사 + 了₁ + 수량사 목적어 + 了₂'에서 了₁은 동사 뒤에 쓰이는 동태조사, 了₂는 문장 끝에 쓰이는 어기조사로 동작이 아직까지 지속 중임을 의미해요. 어떤 동작을 수량사만큼 해 왔고, 지금도 하고 있다는 것을 나타내요.

② ……, 怎么 ……? ~했는데, 어떻게 ~할 수 있죠?

他生气了 tā shēngqì le	笑得出来 xiàodechūlai
哥哥生病了 gēge shēngbìng le	上得了班 shàngdeliǎo bān
你没写完作业 nǐ méi xiěwán zuòyè	去学校 qù xuéxiào

③ ……, 而且 ……。 ~하고, 게다가 ~해요.

我不想吃早饭 wǒ bù xiǎng chī zǎofàn	最近也在减肥 zuìjìn yě zài jiǎnféi
我们出去玩儿吧 wǒmen chūqu wánr ba	今天天气也很好 jīntiān tiānqì yě hěn hǎo
你要好好儿学汉语 nǐ yào hǎohāor xué Hànyǔ	会说汉语也容易找工作 huì shuō Hànyǔ yě róngyì zhǎo gōngzuò

④ 你一定要 ……。 당신은 반드시 ~해야 해요.

努力学习汉语
nǔlì xuéxí Hànyǔ

生活得快快乐乐
shēnghuó de kuàikuàilèlè

找一个好工作
zhǎo yí ge hǎo gōngzuò

단어
碗 wǎn 그릇, 공기, 사발이나 등불을 세는 단위 | 减肥 jiǎnféi 다이어트하다

Words

track 01-2

- 难忘 nánwàng 잊기 어렵다, 잊을 수 없다
  - 你最难忘的事是什么？
- 辅导 fǔdǎo 지도하다
- 过 guò 지내다, 보내다
  - 你的生活过得不错！
- 忘不了 wàngbuliǎo 잊을 수 없다
- 发生 fāshēng 발생하다
- 印象 yìnxiàng 인상
  - 在我的印象里，上海的夏天是最热的。
- 车厢 chēxiāng (전철, 기차 등의) 객차
- 挤 jǐ 붐비다, 비집다
- 硬座 yìngzuò 일반석
- 硬卧 yìngwò 일반 침대칸
- 不然 bùrán 그렇지 않으면
- 受得了 shòudeliǎo 견딜 수 있다
- 吃惊 chījīng 놀라다
  - 你最吃惊的事是什么？
- 从来 cónglái 지금까지, 여태껏
- 高峰期 gāofēngqī 러시아워
- 一般 yìbān 일반적으로, 보통
- 堵车 dǔchē 차가 막히다
- 厉害 lìhai 대단하다, 심하다
  - 爸爸喝咖啡喝得太厉害了。
- 注意 zhùyì 주의(하다)
- 安全 ānquán 안전하다

Dialogue 1

#1 가장 기억에 남는 일

娜娜和东建聊天。

娜娜 Nàna
你在这里生活了几年了，最难忘的事是什么?
Nǐ zài zhèli shēnghuóle jǐ nián le, zuì nánwàng de shì shì shénme?

东建 Dōngjiàn
前年我去汉语辅导老师家过春节。
Qiánnián wǒ qù Hànyǔ fǔdǎo lǎoshī jiā guò Chūnjié.

娜娜 Nàna
你觉得中国的春节怎么样?
Nǐ juéde Zhōngguó de Chūnjié zěnmeyàng?

东建 Dōngjiàn
有意思❶得很，不过我最忘不了的是去他家的路上看到
Yǒu yìsi de hěn, búguò wǒ zuì wàngbuliǎo de shì qù tā jiā de lùshang kàndào

的一切。
de yíqiè.

娜娜 Nàna
发生了什么事?
Fāshēngle shénme shì?

东建 Dōngjiàn
我们坐了两天一夜的火车，
Wǒmen zuòle liǎng tiān yí yè de huǒchē,

印象最深的是车厢里非常挤。
yìnxiàng zuì shēn de shì chēxiāng li fēicháng jǐ.

娜娜 Nàna
你们买的是硬座还是硬卧?
Nǐmen mǎi de shì yìngzuò háishi yìngwò?

东建 Dōngjiàn
当然是硬卧了。❷不然那么长时间，怎么受得了?
Dāngrán shì yìngwò le. Bùrán nàme cháng shíjiān, zěnme shòudeliǎo?

Dialogue 2

#2 가장 놀랐던 일
东建和安娜在一起喝咖啡。

安娜 你在这里遇到的最吃惊的事情是什么?
Ānnà　　Nǐ zài zhèli yùdào de zuì chījīng de shìqing shì shénme?

东建 有很多人骑自行车真❸让我吃惊。
Dōngjiàn　Yǒu hěn duō rén qí zìxíngchē zhēn ràng wǒ chījīng.

安娜 我怎么从来没看到过那么多的自行车?
Ānnà　　Wǒ zěnme cónglái méi kàndàoguo nàme duō de zìxíngchē?

东建 还不是因为你住在学校宿舍!
Dōngjiàn　Hái bú shì yīnwèi nǐ zhù zài xuéxiào sùshè!

而且出去的时候也不是高峰期。
Érqiě chūqu de shíhou yě bú shì gāofēngqī.

安娜 高峰期一般在什么时间?
Ānnà　　Gāofēngqī yìbān zài shénme shíjiān?

东建 上下班的时候,自行车非常多,
Dōngjiàn　Shàngxiàbān de shíhou, zìxíngchē fēicháng duō,

堵车也很厉害。
dǔchē yě hěn lìhai.

安娜 下次我要在这个时间去马路上看看。
Ānnà　　Xiàcì wǒ yào zài zhè ge shíjiān qù mǎlù shang kànkan.

东建 你一定要注意安全。
Dōngjiàn　Nǐ yídìng yào zhùyì ānquán.

Speaking

说一说 1

회화를 읽고, 다음 질문에 대답해 보세요.

❶ A 东建在中国的生活中，最难忘的事是什么？
   B _____。

❷ A 东建为什么没有坐硬座？
   B _____。

❸ A 为什么安娜没有看到过很多的自行车？
   B _____。

❹ A 安娜想去看什么？
   B _____。

说一说 2

다음 질문에 대답해 보세요.

❶ A 你最难忘的事是什么？
   B _____。

❷ A 你觉得韩国的春节怎么样？
   B _____。

❸ A 在你的印象里，最吃惊的是什么？
   B _____。

❹ A 每天几点是高峰期？
   B _____。

Text

东建喜欢坐地铁上班，一来地铁站离家很近，二来
Dōngjiàn xǐhuan zuò dìtiě shàngbān, yīlái dìtiězhàn lí jiā hěn jìn, èrlái

地铁比公共汽车快。他每天早上都准时上车。最近他注意
dìtiě bǐ gōnggòngqìchē kuài. Tā měitiān zǎoshang dōu zhǔnshí shàngchē. Zuìjìn tā zhùyì

到有一个外国人每天和他同时上车，一起下车。东建
dào yǒu yí ge wàiguórén měitiān hé tā tóngshí shàngchē, yìqǐ xiàchē. Dōngjiàn

下车后从8号出口出去，那个外国人从7号出口出去。
xiàchē hòu cóng bā hào chūkǒu chūqu, nà ge wàiguórén cóng qī hào chūkǒu chūqu.

东建猜他❹百分之八十是个美国人。今天在地铁上，东建和
Dōngjiàn cāi tā bǎifēnzhī bāshí shì ge Měiguórén. Jīntiān zài dìtiě shang, Dōngjiàn hé

这个外国人又站在同一个车厢里。突然有一位老奶奶向
zhè ge wàiguórén yòu zhàn zài tóng yí ge chēxiāng li. Tūrán yǒu yí wèi lǎo nǎinai xiàng

东建问路，老奶奶说得太快了，东建有点儿听不懂。东建
Dōngjiàn wèn lù, lǎo nǎinai shuō de tài kuài le, Dōngjiàn yǒudiǎnr tīngbudǒng. Dōngjiàn

想，原来我也是个外国人。
xiǎng, yuánlái wǒ yě shì ge wàiguórén.

外国人 wàiguórén 외국인 | **同时** tóngshí 동시에, 같은 시간에 | **出口** chūkǒu 출구, 수출하다 | **同** tóng 같다 | **突然** tūrán 갑자기

Listening

1 녹음 내용을 듣고, 알맞은 답을 골라 보세요.

❶ 东建喜欢怎么去上班?

A 坐公共汽车
B 坐地铁

❷ 这个外国人下车后从几号出口出去?

A 7号出口
B 8号出口

2 녹음 내용을 듣고 빈칸을 채운 후, 문장의 옳고 그름을 판단해 보세요.

❶ 东建认为这个外国人_____。

A 对
B 错

❷ 东建也是_____。

A 对
B 错

베이징(北京)

중국의 수도 베이징은 2008년 올림픽이 개최되었던 곳으로 인구 1,500만 명, 유동 인구 400만 명의 대도시예요. 도시 전체가 거대한 박물관이라고 불릴 만큼 오랜 역사를 자랑하는 베이징은 중국의 문화·정치·행정의 중심지랍니다. 유명한 곳만 둘러봐도 상당한 시간이 소요될 정도로 다양한 볼거리를 제공하죠. 365일 항상 사람으로 붐비는 베이징의 숨은 매력을 찾아보세요.

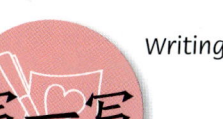

Writing

1 다음 빈칸을 채워 보세요.

> 东建喜欢坐地铁上班，一来地铁站＿＿＿＿＿＿，二来地铁＿＿＿＿＿＿＿＿。他每天早上都＿＿＿上车。最近他＿＿＿＿＿有一个外国人每天和他同时上车，一起下车。东建下车后从8号出口出去，那个外国人从7号出口出去。东建猜他＿＿＿＿＿＿是个美国人。今天在地铁上，东建和这个外国人又站在同一个车厢里。突然有一位老奶奶向东建问路，老奶奶＿＿＿＿＿＿，东建＿＿＿＿＿＿。东建想，＿＿＿我也是个外国人。

2 다음 문장을 중국어로 써 보세요.

❶ 동건은 지하철을 타고 출근하는 것을 좋아하는데, 첫째는 지하철역이 집에서 가깝고,

❷ 둘째는 지하철이 버스보다 빠르기 때문이다. 그는 매일 아침 시간에 맞춰 탄다.

❸ 요즘 그는 한 외국인이 매일 그와 같은 시간에 타고 내리는 데 주시하게 됐다.

❹ 동건은 차에서 내린 뒤 8번 출구로 나가고, 그 외국인은 7번 출구로 나간다.

❺ 동건은 그가 80%는 미국인이라고 추측했다.

❻ 오늘 지하철에서 동건은 이 외국인과 또 같은 객차 안에 서게 되었다.

❼ 갑자기 할머니 한 분이 동건에게 길을 물었는데, 할머니가 너무 빨리 말씀하셔서,

❽ 동건은 약간 알아들을 수 없다. 동건은 '원래 나도 외국인이지'라고 생각했다.

1 ……得很

▶ 很은 동사 또는 형용사 서술어 뒤에 '……得很'으로 쓰여 상황이나 동작의 정도가 '아주 ~하다'라는 뜻을 나타낸다.

- 他帅**得很**。　　　　　　　그는 아주 잘생겼다.
- 这件衣服漂亮**得很**。　　　이 옷은 아주 예쁘다.
- 我的英语好**得很**。　　　　난 영어를 아주 잘한다.

2 不然

▶ 不然은 '그렇지 않으면'이라는 뜻으로, 동의어로는 要不然, 要不, 否则가 있다. 的话와 자주 호응하여 쓰인다.

- 你不要看电视了，**不然**妈妈生气了。
  넌 더 이상 TV 보면 안 돼, 그렇지 않으면 엄마가 화내실 거야.
- 他应该上大学，**不然**以后找不到好工作。
  그는 대학에 합격해야 한다, 그렇지 않으면 앞으로 좋은 직장을 구할 수 없을 것이다.
- 你要吃早饭，**不然**的话，一定会饿的。
  넌 아침을 먹어야지, 그렇지 않으면 분명히 배고플 거야.

3 겸어문

▶ 목적어가 뒤 동사의 주어 역할을 겸하는 성분을 '겸어'라고 하는데, 이런 겸어가 있는 문장을 바로 '겸어문'이라고 한다. 让은 사역의 의미를 가진 동사로, 请이나 叫와 함께 '~로 하여금 ~하도록 부탁하다[시키다]'라는 뜻을 나타낸다.

주어 + 동사₁(让/请/叫) + 목적어(겸어) + 동사₂

- 老师**叫**我告诉你这件事。　　선생님은 나에게 이 일을 네게 알리라고 하셨다.
- 我们**请**你唱一首歌。　　　　당신이 노래 한 곡 불러 주시길 청합니다.
- 我**让**姐姐去一趟。　　　　　나는 언니(누나)를 한 번 다녀오게 했다.

▶ 有를 쓰는 겸어문에서는 有의 목적어가 대부분 불특정한 사람이나 사물이며, 목적어는 주로 수량을 나타내는 관형어가 나온다.

有 + 목적어(겸어) + 서술어

- 我**有**一个朋友叫小明。 나는 샤오밍이라는 친구가 하나 있다.
- 他**有**几个朋友来中国了。 그는 중국에 온 친구가 몇 명 있다.

▶ 有 겸어문의 부정문은 다음 세 가지 형식이다.

没有 + 목적어(겸어) + 서술어

- 我**没有**同学在英语补习班学习。 난 영어학원에서 공부하는 급우가 없다.
- 我**没有**水给你喝。 내게는 네가 마실 물이 없다.

有 + 목적어(겸어) + **不/没(有)** + 서술어(동사)

- 哥哥**有**一本书**没**看过。 형은 본 적 없는 책을 한 권 가지고 있다.
- 弟弟**有**一碗饭**没有**吃完。 남동생은 다 먹지 못한 밥 한 공기가 있다.

有 + 목적어(겸어) + **不** + 서술어(형용사)

- 那儿**有**一间教室**不**大。 거기에는 크지 않은 교실이 하나 있다.
- 他**有**一个妹妹**不**漂亮。 그는 예쁘지 않은 여동생이 하나 있다.

4 百分之……

▶ '百分之……'는 '……%'라는 의미로, 일의 가능성을 추측할 때도 사용할 수 있다. '百分之……' 뒤에 오는 숫자가 클수록 가능성이 높다는 것을 의미한다.

- **百分之**二十   20%
- **百分之**百   100%, 반드시
- **百分之**八十   80%(가능성이 높다)
- **百分之**一   1%(가능성이 극히 낮다)

Check up

Q 다음 빈칸을 채워 보세요.

① 天气太冷了，你一定要多穿衣服。_____容易感冒。

② 他_____我告诉你这件事情。

③ 明天他_____百会来。

④ 他聪明_____，一定不会说这种话。

练习 Exercise

1 그림 보고 말하기 • 다음 그림을 보고 대화를 완성해 보세요.

1

A 他怎么还没来?
B _____。
(堵车,厉害)

2

A 发生了什么事?
B _____。
(辅导老师,吃惊)

3

A 他们为什么要去那里?
B _____。
(车厢,座位)

2 표현 연습 • 다음 표현을 사용하여 문장을 완성해 보세요.

……得很

1 A 你为什么那么喜欢坐飞机去旅游?
B _____。

2 A 你的同学汉语说得怎么样?
B _____。

不然

3　A _____。
　　B 过一会儿就写作业。

4　A _____。
　　B 没关系。

百分之……

5　A 明天会下雨吗?
　　B _____。

6　A 他喜欢这件礼物吗?
　　B _____。

3 도전 스피킹 중국어 • 다음 상황에 맞게 중국어로 자유롭게 말해 보세요.

和同学之间对话，说说自己最难忘的事是什么?

A 你最难忘_____?
B 我_____。
A 发生了_____?
B _____。
A 我印象最深的_____?
B _____。

句子 PLUS+

1 권고

① 我建议你先了解一下情况再说。
Wǒ jiànyì nǐ xiān liǎojiě yíxià qíngkuàng zài shuō.
당신이 먼저 상황을 잘 알아보고 다시 얘기했으면 해요.

② 如果你听我的话，就别这么做。
Rúguǒ nǐ tīng wǒ de huà, jiù bié zhème zuò.
만약 당신이 내 말을 듣는다면, 그럼 이렇게 하지 마세요.

③ 或许你应该把这件事告诉他。
Huòxǔ nǐ yīnggāi bǎ zhè jiàn shì gàosu tā.
어쩌면 당신은 이 일을 그에게 반드시 알려야 했을지도 몰라요.

④ 你有没有想过找他谈一谈？
Nǐ yǒu méiyǒu xiǎngguo zhǎo tā tán yi tán?
그를 찾아 얘기 좀 할 생각은 해 봤나요?

⑤ 先去那里看看，怎么样？
Xiān qù nàli kànkan, zěnmeyàng?
먼저 거기에 가서 좀 보는 게 어때요?

⑥ 为什么不去听听父母的建议呢？
Wèishénme bú qù tīngting fùmǔ de jiànyì ne?
왜 부모님의 말씀을 들으려 하지 않는 거죠?

⑦ 小心！别干傻事！
Xiǎoxīn! Bié gàn shǎ shì!
조심해요! 멍청한 짓 하지 말고!

建议 jiànyì 건의, 제의(하다) | 傻 shǎ 어리석다, 미련하다

결혼
别说结婚跟钱没关系

chapter 02

이 과의 회화

1. 이상형①
   娜娜遇见了结婚以后的智媛。
2. 이상형②
   娜娜和丽丽在家里聊天儿。

Dialogue

이 과의 어법

1. 越来越……
2. 哪有啊
3. 说
4. 能 + 동사₁ + 会 + 동사₂

Grammar

Key Expressions

① ······ 越来越 ······ 。 ~가 갈수록 더 ~해요.

最近汉语
zuìjìn Hànyǔ
去国外旅游的人
qù guówài lǚyóu de rén
我
wǒ

受欢迎
shòu huānyíng
多
duō
想念女朋友
xiǎngniàn nǚpéngyou

② 说实话，······ 。 솔직히 ~해요.

我一点儿都不喜欢吃泡菜
wǒ yìdiǎnr dōu bù xǐhuan chī pàocài
他还没有吃饭
tā hái méiyǒu chīfàn
今天他在家睡了一天
jīntiān tā zài jiā shuìle yì tiān

③ 如果 ······ 的话，······ 。 만약 ~한다면, ~해요.

下雨
xiàyǔ
饿
è
生病
shēngbìng

妈妈不去逛街
māma bú qù guàngjiē
就吃一点儿饼干
jiù chī yìdiǎnr bǐnggān
最好去看医生
zuìhǎo qù kàn yīshēng

접속사 如果는 '만약 ~이라면' 이라는 뜻으로, 주로 문장 맨 앞에 쓰여 가정의 의미를 나타내요. 뒤에 的话가 함께 쓰이기도 하는데, 이때는 如果를 생략할 수도 있답니다.

④ 别说 ······ 没关系。 ~해도 상관없다고 말하지 마세요.

不努力学习
bù nǔlì xuéxí
不学汉语
bù xué Hànyǔ
父母吵架
fùmǔ chǎojià

饼干 bǐnggān 과자, 비스킷 | 吵架 chǎojià 다투다, 말다툼하다

 Words

 track 02-2

- 结婚 jiéhūn 결혼하다
- 幸福 xìngfú 행복(하다)
  ▶ 你的生活幸福吗？
- 相亲 xiāngqīn 선을 보다
- 看不上 kànbushàng 눈에 차지 않다, 맘에 안 든다
- 眼光 yǎnguāng 안목
- 哪有啊 nǎ yǒu a 어디, 뭐가
- 长 zhǎng 생기다, 자라다
  ▶ 女儿长得像爸爸。
- 够 gòu 충분하다, 충분히
- 要求 yāoqiú 요구(하다)
- 尽力而为 jìn lì ér wéi 전력을 다하다
- 说实话 shuō shíhuà 사실대로 말하자면
  ▶ 说实话，我很害怕老鼠。

- 这辈子 zhèbèizi 일생
- 吃香 chīxiāng 환영을 받다
- 职业病 zhíyèbìng 직업병
- 能说会道 néng shuō huì dào 말솜씨가 좋다
- 哄 hǒng 달래다, 어르다
- 挑毛病 tiāo máobìng 흠을 찾다, 결점을 찾아내다
  ▶ 你不要总是挑我毛病。

- 动不动 dòngbudòng 걸핏하면
  ▶ 他动不动就生气。
- 唠叨 láodao 잔소리하다, 바가지 긁다
- 纠正 jiūzhèng 교정하다

Dialogue 1

#1 이상형①

娜娜遇见了结婚以后的智媛。

track 02-3

娜娜 Nàna
你真是❶越来越漂亮了，婚后的生活一定很幸福吧！
Nǐ zhēnshi yuèláiyuè piàoliang le, hūn hòu de shēnghuó yídìng hěn xìngfú ba!

智媛 Zhìyuán
那还用说。你也早点儿结婚吧！
Nà hái yòng shuō. Nǐ yě zǎodiǎnr jiéhūn ba!

娜娜 Nàna
我已经相了十几次亲了，
Wǒ yǐjing xiāngle shí jǐ cì qīn le,

也没有遇见一个合适的男人。
yě méiyǒu yùjiàn yí ge héshì de nánrén.

智媛 Zhìyuán
怎么一个都看不上？是你的眼光太高了吧！
Zěnme yí ge dōu kànbushàng? Shì nǐ de yǎnguāng tài gāo le ba!

娜娜 Nàna
❷哪有啊！只要他有房有车，长得不错就够了。
Nǎ yǒu a! Zhǐyào tā yǒu fáng yǒu chē, zhǎng de búcuò jiù gòu le.

智媛 Zhìyuán
你的要求够高的。你是要钱还是要人？
Nǐ de yāoqiú gòu gāo de. Nǐ shì yào qián háishi yào rén?

娜娜 Nàna
都要，不过他还得有个好工作。你帮我介绍一个。
Dōu yào, búguò tā hái děi yǒu ge hǎo gōngzuò. Nǐ bāng wǒ jièshào yí ge.

智媛 Zhìyuán
我尽力而为。
Wǒ jìn lì ér wéi.

说实话，我觉得你这辈子想结婚有点儿难。
Shuō shíhuà, wǒ juéde nǐ zhèbèizi xiǎng jiéhūn yǒudiǎnr nán.

Dialogue 2

#2 이상형 ②

娜娜和丽丽在家里聊天儿。

娜娜 Nàna
你❸说现在什么样的男人最受女人的欢迎?
Nǐ shuō xiànzài shénmeyàng de nánrén zuì shòu nǚrén de huānyíng?

丽丽 Lìli
如果他是医生、律师或汉语老师的话，最吃香。
Rúguǒ tā shì yīshēng、lǜshī huò Hànyǔ lǎoshī dehuà, zuì chīxiāng.

娜娜 Nàna
在这三种职业的男人中，你喜欢哪一种?
Zài zhè sān zhǒng zhíyè de nánrén zhōng, nǐ xǐhuan nǎ yì zhǒng?

丽丽 Lìli
嗯……医生的职业病是看谁都有病，我不选医生。
Ng……Yīshēng de zhíyèbìng shì kàn shéi dōu yǒu bìng, wǒ bù xuǎn yīshēng.

娜娜 Nàna
你认为律师怎么样?
Nǐ rènwéi lǜshī zěnmeyàng?

❹能说会道的，肯定很会哄女朋友。
Néng shuō huì dào de, kěndìng hěn huì hǒng nǚpéngyou.

丽丽 Lìli
律师喜欢挑毛病。
Lǜshī xǐhuan tiāo máobìng.

和这种男人结婚，动不动就会被唠叨。
Hé zhè zhǒng nánrén jiéhūn, dòngbudòng jiù huì bèi láodao.

娜娜 Nàna
看起来你喜欢汉语老师。
Kànqǐlai nǐ xǐhuan Hànyǔ lǎoshī.

丽丽 Lìli
汉语老师更不好，一说话就纠正你的语法错误，
Hànyǔ lǎoshī gèng bù hǎo, yì shuōhuà jiù jiūzhèng nǐ de yǔfǎ cuòwù,

受不了。
shòubuliǎo.

说一说 1

Speaking

회화를 읽고, 다음 질문에 대답해 보세요.

❶ A 智媛婚后的生活幸福吗？
  B _____。

❷ A 娜娜为什么没有男朋友？
  B _____。

❸ A 丽丽觉得什么样的男人吃香？
  B _____。

❹ A 医生的职业病是什么？
  B _____。

说一说 2

다음 질문에 대답해 보세요.

❶ A 你找爱人的要求是什么？
  B _____。

❷ A 为什么现在结婚的人越来越晚？
  B _____。

❸ A 什么样的男人受女人的欢迎？
  B _____。

❹ A 找爱人和找恋人一样吗？
  B _____。

 Text

很多女人结婚的时候，最看重的是对方的家境好不
Hěn duō nǚrén jiéhūn de shíhou, zuì kànzhòng de shì duìfāng de jiājìng hǎo bu

好、工作怎么样、收入高不高。别说钱和结婚没关系。
hǎo、gōngzuò zěnmeyàng、shōurù gāo bu gāo. Bié shuō qián hé jiéhūn méi guānxi.

婚姻中，没有钱只有感情是不行的。没有钱，怎么生活、
Hūnyīn zhōng, méiyǒu qián zhǐyǒu gǎnqíng shì bùxíng de. Méiyǒu qián, zěnme shēnghuó、

怎么养孩子？有的女人却相反，她们觉得为了钱，去和一个
zěnme yǎng háizi? Yǒu de nǚrén què xiāngfǎn, tāmen juéde wèile qián, qù hé yí ge

不喜欢的男人结婚，是一件愚蠢的事。当然，如果能找到
bù xǐhuan de nánrén jiéhūn, shì yí jiàn yúchǔn de shì. Dāngrán, rúguǒ néng zhǎodào

一个又有钱又有爱情的男人，是最理想的了。
yí ge yòu yǒu qián yòu yǒu àiqíng de nánrén, shì zuì lǐxiǎng de le.

看重 kànzhòng 중시하다 | **对方** duìfāng 상대방 | **家境** jiājìng 가정형편 | **收入** shōurù 수입 |
婚姻 hūnyīn 혼인 | **愚蠢** yúchǔn 어리석다, 미련하다 | **理想** lǐxiǎng 이상(적이다)

Listening 听一听

track 02-6

1 녹음 내용을 듣고, 알맞은 답을 골라 보세요.

　❶ 女人们觉得最理想的事是什么？

　　A 找到一个又有钱又爱的男人
　　B 为了钱，去和一个不喜欢的男人结婚

　❷ 很多女人结婚的时候最看重对方什么？

　　A 爱和钱
　　B 家境，工作和收入

2 녹음 내용을 듣고 빈칸을 채운 후, 문장의 옳고 그름을 판단해 보세요.

　❶ 很多女人结婚的时候＿＿＿＿是男人＿＿＿＿＿＿。

　　A 对
　　B 错

　❷ 很多女人觉得＿＿＿和＿＿有关系。

　　A 对
　　B 错

왕푸징(王府井)

사고 싶은 것이든 먹고 싶은 것이든 모든 것을 해결할 수 있는 '베이징의 명동'인 왕푸징은 대낮보다는 해질 무렵이 더 좋아요. 특히 왕푸징의 야시장은 관광객의 필수 코스인데요, 값싼 기념품과 다양한 먹거리가 있기 때문이죠. 설탕 시럽을 입힌 과일부터 바퀴벌레, 전갈, 뱀 등 무시무시한 것들이 꼬치에 달려서 팔리고 있답니다. 먹거리 또한 가격 흥정이 가능하니 중국어로 자신 있게 한번 시도해 보세요.

Writing

1 다음 빈칸을 채워 보세요.

> 很多女人结婚的时候，最看重的是_____好不好、工作怎么样、收入高不高。_____钱和结婚_____。婚姻中，没有钱_____是不行的。没有钱，_____、_____？有的女人却相反，她们觉得_____，去和一个不喜欢的男人结婚，是一件_____。当然，如果能找到一个又有钱又有爱情的男人，是_____。

2 다음 문장을 중국어로 써 보세요.

❶ 많은 여자들이 결혼할 때, 가장 중시하는 것은

❷ 상대방의 가정환경이 좋은지 나쁜지, 직업이 어떤지, 수입이 높은지 낮은지 등이다.

❸ 돈과 결혼이 관계가 없다고 말하지 마라. 혼인에서 돈은 없고 감정만 있어서는 안 된다.

❹ 돈이 없으면 어떻게 생활하고, 어떻게 아이를 양육할 것인가?

❺ 어떤 여자들은 반대로 돈을 위해 좋아하지 않는 남자와 결혼하는 것은

❻ 아주 어리석은 일이라고 생각한다.

❼ 당연히 돈도 많고 사랑하는 남자를 찾을 수 있다면 가장 이상적일 것이다.

1 越来越……

▶ '越来越……'는 '갈수록 ~하다'라는 뜻으로 정도가 시간의 흐름에 따라 점점 심화됨을 나타낸다. '越……越……'로 쓰일 때는 '~할수록 ~하다'라는 뜻으로 두 개의 단어나 구, 또는 복문의 두 절을 연접하여 뒤의 상황이 앞의 상황에 이어서 한층 더 심화되어 감을 나타낸다.

- 我越来越喜欢他了。
  나는 갈수록 그가 좋아진다.
- 中国发展越来越快。
  중국은 갈수록 빠르게 발전한다.
- 我不喜欢他，越看他越不顺眼。
  나는 그를 좋아하지 않아서, 그를 보면 볼수록 탐탁치 않다.
- 我觉得汉语越学越容易，你同意吗?
  난 중국어는 배울수록 쉽다고 생각하는데, 넌 동의하니?

2 哪有啊

▶ '어디, 뭐가'라는 뜻으로 '그렇지 않다'라는 반어표현이다.

- A: 听说你有很多女朋友。 듣자 하니 너 여자 친구가 아주 많다면서?
  B: 哪有啊。我一个女朋友都没有。 뭐가. 난 여자 친구가 한 명도 없는데.
- A: 妈妈说你有很多钱。 엄마가 그러시는데, 너 돈 많다면서?
  B: 哪有啊。我根本没有钱。 어디. 난 돈이 전혀 없어.

▶ 경우에 따라 칭찬에 대한 겸양의 표현으로도 쓰인다.

- A: 你长得真漂亮。 너 참 예쁘게 생겼구나.
  B: 哪有啊。 뭘요.

3 说

▶ 상대방의 의견을 물어보려는 뜻으로 觉得, 认为 등과 비슷한 의미이다.

- 你说他做的对不对?
  넌 그가 맞혔는지 틀렸는지 말 좀 해 봐.
- 你说妈妈今天晚上会去奶奶家吗?
  넌 엄마가 오늘 저녁에 할머니 댁에 가실 거라고 생각하니?
- 你说我怎么才能学好汉语?
  제가 어떻게 하면 중국어를 잘할 수 있을지 말씀 좀 해 주세요.

4 能 + 동사₁ + 会 + 동사₂

▶ '동사₁도 잘하고, 동사₂도 잘한다'라는 뜻으로 두 가지 동작 모두 능숙하게 할 수 있을 때 쓰인다.

- 能唱会跳（又会唱歌又会跳舞）
  노래도 잘 부르고, 춤도 잘 춘다

  哥哥喜欢音乐，能唱会跳的。
  오빠(형)는 음악을 좋아해서 노래도 잘 부르고, 춤도 잘 춘다.

- 能写会画（写文章写得好，画画儿画得好）
  글도 잘 쓰고, 그림도 잘 그린다

  妹妹很聪明，能写会画的。
  여동생은 똑똑해서, 글도 잘 쓰고, 그림도 잘 그린다.

Check up

Q 다음 빈칸을 채워 보세요.

1. 冬天来了，天气_____来_____冷。
2. 你_____我应该去这家公司工作吗?
3. 我的朋友_____写_____画。
4. A: 听说你结婚了。
   B: _____。我连女朋友都没有。

练习 Exercise

1 그림 보고 말하기 • 다음 그림을 보고 대화를 완성해 보세요.

1

A 他为什么接了这么长时间的电话？
B _____。
（爱人，唠叨）

2

A 他送的礼物怎么样？
B _____。
（看不上，送）

3

A 他怎么这么高兴？
B _____。
（这辈子，第一次）

2 표현 연습 • 다음 표현을 사용하여 문장을 완성해 보세요.

越来越

1 A 你的女朋友漂亮吗？
　B 当然。_____。

2 A 学汉语难不难？
　B 当然。_____。

你说

3　A _____?
　　B 我不知道。我没看过这部电影。

4　A _____?
　　B 我觉得他们挺合适的。

能……会……

5　A 你妹妹喜欢音乐吗?
　　B _____。

6　A 哇!你男朋友太喜欢说话了。
　　B _____。

3 도전 스피킹 중국어 • 다음 상황에 맞게 중국어로 자유롭게 말해 보세요.

你的朋友因为有了男[女]朋友，非常高兴。

A 最近你_____。

B 呵呵。因为我有男[女]朋友了。

A 你是怎么认识他[她]的?

B 我去_____，没想到_____。

A 他[她]是做什么工作的?

B _____。

句子 PLUS+

2 직업

① 记者每天东奔西走，生活一点儿也不规律。
Jìzhě měitiān dōng bēn xī zǒu, shēnghuó yìdiǎnr yě bù guīlǜ.
기자는 매일 동분서주하죠. 생활이 전혀 규칙적이지 않아요.

② 工程师是一份让人羡慕的工作。
Gōngchéngshī shì yí fèn ràng rén xiànmù de gōngzuò.
엔지니어는 사람들이 부러워하는 직업의 하나예요.

③ 很多大学毕业生参加公务员考试。
Hěn duō dàxué bìyèshēng cānjiā gōngwùyuán kǎoshì.
많은 대학교 졸업생들이 공무원 시험에 참가해요.

④ 警察带给社会安定的生活。
Jǐngchá dài gěi shèhuì āndìng de shēnghuó.
경찰은 사회에 안정적인 생활을 가져다줘요.

⑤ 服装设计师都有自己的模特。
Fúzhuāng shèjìshī dōu yǒu zìjǐ de mótè.
의상 디자이너는 모두 각자의 모델이 있어요.

⑥ 我们的生活离不开维修工。
Wǒmen de shēnghuó líbukāi wéixiūgōng.
우리 생활은 수리공과 떨어질 수 없어요.

东奔西走 dōng bēn xī zǒu 동분서주하다 | 规律 guīlǜ 규칙 | 模特 mótè 모델

경제생활

这样赚钱是最划算的!

chapter 03

이 과의 **회화**

1. 주식①
   智媛和浩民在家。
2. 주식②
   浩民刚回家。

Dialogue

이 과의 **어법**

1. 划算
2. 做梦
3. 万一
4. 狠狠地

Grammar

Key Expressions

track 03-1

1 再 ······ 有什么用。 다시 ~해도 무슨 소용이 있겠어요.

跟她解释
gēn tā jiěshì

说这件事
shuō zhè jiàn shì

批评你
pīpíng nǐ

2 听说 ······。 듣자 하니 ~해요.

他有了女朋友
tā yǒule nǚpéngyou

明天的天气不太好
míngtiān de tiānqì bú tài hǎo

老板要给我涨工资
lǎobǎn yào gěi wǒ zhǎng gōngzī

听说는 어떤 내용을 직접 확인한 것이 아니라 제3자를 통해 들어서 알게 되었을 때 쓰는 표현이에요.

3 ······ 跟 ······ 有什么关系？ ~은 ~과 무슨 관계예요?

你
nǐ

弟弟不高兴
dìdi bù gāoxìng

妹妹
mèimei

这件事
zhè jiàn shì

我
wǒ

那个男人
nà ge nánrén

4 万一 ······，······ 만약 ~하면, ~해요.

路上堵车
lùshang dǔchē

你找不到他
nǐ zhǎobudào tā

妈妈不同意
māma bù tóngyì

我一定会迟到。
wǒ yídìng huì chídào.

就给他打电话。
jiù gěi tā dǎ diànhuà.

怎么办？
zěnme bàn?

解释 jiěshì 해명하다, 설명하다 | 批评 pīpíng 비평하다, 나무라다

Words

- 搞 gǎo 하다
- 优惠 yōuhuì 특혜(의)
  - 今天超市有优惠活动。
- 存 cún 저축하다
- 利息 lìxī 이자
- 投资 tóuzī 투자하다
- 赚钱 zhuànqián 돈을 벌다
- 划算 huásuàn 수지가 맞다
- 做梦 zuòmèng 꿈꾸다
- 股票 gǔpiào 주식, 증권
- 景气 jǐngqì 경기(가 좋다)
  - 最近经济不景气。
- 下跌 xiàdiē 하락하다
- 基金 jījīn 기금, 펀드
- 行情 hángqíng 시세
  - 我不知道股票的行情怎么样。
- 疯 fēng 미치다
- 消息 xiāoxi 소식
- 上涨 shàngzhǎng 오르다
  - 这几年物价上涨得很厉害。
- 难道 nándào 설마 ~이란 말인가
- 工资 gōngzī 월급, 임금
- 笨蛋 bèndàn 바보
- 万一 wànyī 만일
  - 万一他不想去, 你一个人去吧。
- 亏本 kuīběn 본전을 까먹다, 밑지다
- 发财 fācái 재산을 모으다, 돈을 벌다

Dialogue 1

#1 주식 ①

智媛和浩民在家。

浩民 Hàomín
最近银行搞优惠活动，10万元存五年的话，
Zuìjìn yínháng gǎo yōuhuì huódòng, shí wàn yuán cún wǔ nián dehuà,

利息是4%!
lìxī shì bǎifēnzhī sì!

智媛 Zhìyuán
再优惠有什么用!
Zài yōuhuì yǒu shénme yòng!

我们结婚花了那么多钱，哪有钱去存!
Wǒmen jiéhūn huāle nàme duō qián, nǎ yǒu qián qù cún!

浩民 Hàomín
想想不行吗？我在计划怎么投资赚钱最❶划算。
Xiǎngxiang bùxíng ma? Wǒ zài jìhuà zěnme tóuzī zhuànqián zuì huásuàn.

智媛 Zhìyuán
浩民，你别❷做梦了。
Hàomín, nǐ bié zuòmèng le.

浩民 Hàomín
智媛，我们买股票怎么样?
Zhìyuán, wǒmen mǎi gǔpiào zěnmeyàng?

智媛 Zhìyuán
你又不是不知道，股票市场不景气，一直在下跌。
Nǐ yòu bú shì bù zhīdào, gǔpiào shìchǎng bù jǐngqì, yìzhí zài xiàdiē.

浩民 Hàomín
听说基金的行情不错，我们买点儿基金吧!
Tīngshuō jījīn de hángqíng búcuò, wǒmen mǎi diǎnr jījīn ba!

智媛 Zhìyuán
看来你是想钱想疯了，好好儿工作吧。
Kànlai nǐ shì xiǎng qián xiǎng fēng le, hǎohāor gōngzuò ba.

Dialogue 2

#2 주식 ②

浩民刚回家。

浩民 智媛，好消息好消息!
Zhìyuán, hǎo xiāoxi hǎo xiāoxi!

智媛 什么事这么高兴?
Shénme shì zhème gāoxìng?

浩民 听说我们公司的股票要上涨了。
Tīngshuō wǒmen gōngsī de gǔpiào yào shàngzhǎng le.

智媛 这跟我们有什么关系?
Zhè gēn wǒmen yǒu shénme guānxi?

难道会给你涨工资吗?
Nándào huì gěi nǐ zhǎng gōngzī ma?

浩民 笨蛋!
Bèndàn!

我打算买些公司的股票。
Wǒ dǎsuan mǎi xiē gōngsī de gǔpiào.

智媛 ❸**万一**这个消息是假的，亏本了怎么办?
Wànyī zhè ge xiāoxi shì jiǎ de, kuīběnle zěnme bàn?

浩民 你要相信自己的老公，我们很快就要发财了。
Nǐ yào xiāngxìn zìjǐ de lǎogōng, wǒmen hěn kuài jiù yào fācái le.

智媛 相信是相信，不过你别想从我手里拿一分钱。
Xiāngxìn shi xiāngxìn, búguò nǐ bié xiǎng cóng wǒ shǒu li ná yì fēn qián.

Speaking

회화를 읽고, 다음 질문에 대답해 보세요.

❶ A 最近银行有什么优惠活动?
　B _____。

❷ A 智媛觉得股票的行情怎么样?
　B _____。

❸ A 浩民为什么打算买公司的股票?
　B _____。

❹ A 智媛为什么不同意浩民买公司的股票?
　B _____。

다음 질문에 대답해 보세요.

❶ A 做什么工作最赚钱?
　B _____。

❷ A 买股票好还是买基金好? 为什么?
　B _____。

❸ A 怎么投资可以赚钱?
　B _____。

❹ A 做自己喜欢的工作好，还是赚钱多的工作好?
　B _____。

 Text

最近浩民从父亲那儿借了五万，都买了自己公司的股票。
Zuìjìn Hàomín cóng fùqīn nàr jièle wǔ wàn, dōu mǎile zìjǐ gōngsī de gǔpiào.

没想到现在这支股票涨了十多倍。浩民很想马上把股票
Méi xiǎngdào xiànzài zhè zhī gǔpiào zhǎngle shí duō bèi. Hàomín hěn xiǎng mǎshàng bǎ gǔpiào

卖出去，❹狠狠地赚一笔钱。但是公司有规定，如果是本
màichūqu, hěnhěn de zhuàn yì bǐ qián. Dànshì gōngsī yǒu guīdìng, rúguǒ shì běn

公司的职员，不能出售公司的股票。浩民很喜欢自己的
gōngsī de zhíyuán, bù néng chūshòu gōngsī de gǔpiào. Hàomín hěn xǐhuan zìjǐ de

工作，不愿意辞职。可是他又担心万一股票下跌的话，就
gōngzuò, bú yuànyì cízhí. Kěshì tā yòu dānxīn wànyī gǔpiào xiàdiē dehuà, jiù

赚不到钱了。你能帮他想一个两全其美的办法吗？
zhuànbudào qián le. Nǐ néng bāng tā xiǎng yí ge liǎng quán qí měi de bànfǎ ma?

단어

没想到 méi xiǎngdào ~하리라고는 생각지도 못했다 | 倍 bèi 배, 곱 | 狠狠地 hěnhěn de 많이, 매섭게, 호되게 | 规定 guīdìng 규칙, 규정(하다) | 出售 chūshòu 팔다, 매각하다 | 辞职 cízhí 사직하다 | 两全其美 liǎng quán qí měi 양쪽 모두 좋게 하다

 Listening

1 녹음 내용을 듣고, 알맞은 답을 골라 보세요.

❶ 浩民买了什么？

　A 股票
　B 基金

❷ 浩民的公司有什么规定？

　A 本公司职员可以卖本公司的股票
　B 本公司职员不能卖本公司的股票

2 녹음 내용을 듣고 빈칸을 채운 후, 문장의 옳고 그름을 판단해 보세요.

❶ 浩民＿＿＿＿＿自己的工作，想＿＿＿＿。

　A 对　　　　　　B 错

❷ 浩民买的＿＿＿＿现在＿＿＿＿了。

　A 对　　　　　　B 错

류리창(琉璃厂)

류리창은 청나라 건축양식을 살려 복원한 거리인 만큼 중국의 고전적인 분위기가 넘쳐나는 곳이에요. 자금성이나 만리장성 같은 명승지보다 좀 더 중국적인 분위기를 즐기고 싶은 사람들에게 권하고 싶은 곳이죠. 베이징의 인사동이라 할 수 있는 류리창에서는 골동품을 포함해, 각종 공예품과 문방사우, 미술품, 서적 등을 팔고 있어요. 하지만 워낙 오래 전부터 명성을 떨치는 곳이라 다른 골동품 시장보다 비싼 편이랍니다.

Writing

1 다음 빈칸을 채워 보세요.

　　最近浩民＿＿＿＿＿＿借了五万，都买了自己公司的股票。＿＿＿＿＿现在这支股票涨了十多倍。浩民很想马上把股票卖出去，＿＿＿＿＿＿赚一笔钱。但是公司有规定，如果是本公司的职员，不能＿＿＿＿公司的股票。浩民很喜欢自己的工作，＿＿＿＿＿＿＿＿。可是他又担心＿＿＿＿股票下跌＿＿＿＿，就＿＿＿＿＿钱了。你能帮他想一个＿＿＿＿＿＿的办法吗？

2 다음 문장을 중국어로 써 보세요.

❶ 최근 하오민은 아버지에게서 5만 위안을 빌려서 모두 자기 회사의 주식을 샀다.

❷ 생각지도 못했는데 이 주식이 10배가 넘게 올랐다.

❸ 하오민은 곧바로 주식을 팔아서 엄청나게 돈을 벌고 싶었다.

❹ 그러나 만약 그 회사의 직원이라면 회사의 주식을 매각할 수 없다는 회사 규정이 있었다.

❺ 하오민은 자신의 일을 매우 좋아해서 그만두고 싶지 않았다.

❻ 그러나 그는 또 만일 주식이 떨어지기라도 하면 돈을 벌지 못할까 걱정되었다.

❼ 당신은 하오민 대신 둘 다 만족시킬 방법을 찾을 수 있겠는가？

Grammar

1 划算

▶ 划算은 '수지가 맞다'라는 의미로 적은 돈을 들여 만족할 만한 결과를 얻을 때 쓰인다.

- 我买的这条裙子真划算，只花了五千块。
  내가 산 이 치마는 정말 수지 맞았어, 오천 원밖에 안 썼거든.
- 花一万去看一场电影，你觉得划算吗?
  만 원 주고 영화 한 번 보는 게 너는 수지가 맞는다고 생각하니?
- 姐姐觉得打折时买衣服最划算。
  언니(누나)는 세일할 때 옷을 사는 게 가장 수지가 맞다고 생각한다.

2 做梦

▶ 做梦은 원래 '꿈을 꾸다'라는 의미인데, '공상하다'라는 뜻으로도 쓰인다. 白日做梦은 직역하면 '대낮에 꿈을 꾸다' 즉, '백일몽'이란 뜻인데, '헛된 꿈을 꾸다, 터무니없다'라는 의미로 쓰인다.

- 你睡觉时会做梦吗?　　　　너는 잠잘 때 꿈꾸니?
- 你做梦去吧!　　　　　　　가서 꿈이나 꿔라!
- 你不要老是做这样的梦。　　너는 항상 이런 꿈은 꾸지도 마.
- 简直是白日做梦，这是不可能的。　그야말로 백일몽이야, 이건 불가능해.

3 万一

▶ 万一는 '만에 하나라도'라는 뜻으로, 비록 가능성이 적어도 발생할 것을 가정할 때 쓴다.

- 你去旅游，应该带把雨伞。万一下雨了，怎么办?
  너 여행 갈 때 반드시 우산을 챙겨. 만일 비라도 오면 어떡해?
- 万一迟到了，老师会生气的。
  만에 하나라도 지각한다면, 선생님께서 화내실 거야.
- 万一他没吃饭回来的话，我再给他做饭。
  만일 그가 밥을 안 먹고 집에 돌아오면, 내가 다시 그에게 밥을 해 줄 거야.

4 狠狠地

▶ 狠狠地는 부사로 '호되게, 매섭게'라는 뜻이지만, 赚钱과 함께 쓰일 때는 '아주 많다'라는 뜻으로 쓰인다.

- 狠狠地批评他一顿。　　　그를 호되게 한번 나무랐다.
- 狠狠地打他。　　　　　　그를 매섭게 때렸다.
- 他狠狠地赚了一笔钱。　　그는 돈을 매우 많이 벌었다.

Q 다음 빈칸을 채워 보세요.

① 你带着雨伞吧! _____ 下雨了，就不用再买伞。

② 他没有写作业，被老师 _____ 批评了一顿。

③ 不要 _____ 了! 努力工作才是最重要的。

④ 今天百货商店打折，我买了很多东西，真 _____ 。

练习 Exercise

1 그림 보고 말하기 • 다음 그림을 보고 대화를 완성해 보세요.

1

A 她为什么去这家超市？
B _____。
（优惠，活动）

2

A 她想把这些鸡肉寄给女儿。
B _____。
（疯，坏）

3

A 她最大的愿望就是当空姐。
B _____。
（做梦，差）

2 표현 연습 • 다음 표현을 사용하여 문장을 완성해 보세요.

划算

1 A 你打算去哪儿买面包，超市还是市场？
B _____。

2 A 这双鞋我才花了五十块。
B _____。

| 做梦 |

3　A 姐姐，我可以穿穿你的这件大衣吗？
　　B _____。

4　A 今天老板不在，我可不可以休息一天？
　　B _____。

| 万一 |

5　A 我出去不想带伞。
　　B _____？

6　A 为什么你起床起得这么早？
　　B _____。

3 도전 스피킹 중국어 • 다음 상황에 맞게 중국어로 자유롭게 말해 보세요.

> 超市有优惠活动，跟朋友一起去那里买东西。

A 最近超市_____。
B 我_____。
A 没关系。现在买很便宜，这种商品两年以后也可以用。
B 你又不是不知道_____。
A _____。
B 好吧，我们一起去吧。

句子 PLUS+

3 편의 시설

① 美容厅可以做皮肤护理、刮胡子、按摩等等。
Měiróngtīng kěyǐ zuò pífū hùlǐ、guā húzi、ànmó děngděng.
미용실에서는 피부관리, 면도, 안마 등을 할 수 있어요.

② 这家宾馆免费提供一次性的牙刷、牙膏、沐浴液和香皂。
Zhè jiā bīnguǎn miǎnfèi tígōng yícìxìng de yáshuā、yágāo、mùyùyè hé xiāngzào.
이 호텔은 일회용 칫솔, 치약, 바디샴푸, 비누를 무료로 제공해요.

③ 有的招待所尽管价格便宜，但是卫生不太好。
Yǒu de zhāodàisuǒ jǐnguǎn jiàgé piányi, dànshì wèishēng bú tài hǎo.
어떤 초대소는 가격이 저렴한 대신 위생이 그다지 좋지 않아요.

④ 桑拿房里的浴室设施不错。
Sāngnáfáng li de yùshì shèshī búcuò.
사우나실의 욕실 시설이 괜찮아요.

⑤ 机场的候机室里有很多椅子，以便让旅客休息。
Jīchǎng de hòujīshì li yǒu hěn duō yǐzi, yǐbiàn ràng lǚkè xiūxi.
공항 대합실에는 여행객이 쉴 수 있도록 의자가 많이 있어요.

⑥ 便利店是24小时营业的，很方便。
Biànlìdiàn shì èrshísì xiǎoshí yíngyè de, hěn fāngbiàn.
편의점은 24시간 영업해서, 편리해요.

 단어

护理 hùlǐ 보호 관리하다, 보살피다 | 刮胡子 guā húzi 수염을 깎다 | 按摩 ànmó 안마(하다) |
招待所 zhāodàisuǒ 초대소(관공서, 공장 등의 숙박시설) | 桑拿房 sāngnáfáng 사우나실 | 设施 shèshī 시설 |
以便 yǐbiàn ~하기 위하여 | 便利店 biànlìdiàn 편의점

여행

护照不见了

chapter **04**

Dialogue

이 과의 **회화**

1 여행①
智媛和浩民打算去旅游。

2 여행②
智媛和浩民在机场。

Grammar

이 과의 **어법**

1 비교문의 부정
2 虽说……但是……
3 只好
4 大不了

Key Expressions

① ...... 又 ......, 又 ......。 ~는 ~도 하고, 또 ~도 해요.

她 tā	会唱歌 huì chànggē	会跳舞 huì tiàowǔ
这件事让他 zhè jiàn shì ràng tā	高兴 gāoxìng	担心 dānxīn
天气不好 tiānqì bù hǎo	刮风 guāfēng	下雨 xiàyǔ

② 不如 ...... 吧! ~하는 게 낫겠어요!

我们吃西餐
wǒmen chī xīcān

去上海旅游
qù Shànghǎi lǚyóu

回家休息
huíjiā xiūxi

③ 要是 ......, ...。 만약 ~하면, ~해요.

有空 yǒu kòng	我们一起吃饭 wǒmen yìqǐ chīfàn
你回家 nǐ huíjiā	我也回家 wǒ yě huíjiā
去旅游 qù lǚyóu	就去上海 jiù qù Shànghǎi

如果, 假如, 万一, 要是는 모두 접속사이며, '만약, 만일'이라는 뜻을 나타내요. 그중 如果, 假如, 要是는 같은 용법인데 如果, 假如는 문어체, 要是는 회화체에 쓰인답니다. 万一는 가능성이 매우 낮은 가설을 나타내는데, '만일, 뜻밖의 일'이라는 뜻의 명사로도 쓰여요.

④ 大不了 ......。 기껏해야 ~이에요.

以后不跟他打交道
yǐhòu bù gēn tā dǎ jiāodao

今天晚上不出去
jīntiān wǎnshang bù chūqu

晚上加班
wǎnshang jiābān

刮风 guāfēng 바람이 불다 | 打交道 dǎ jiāodao 교제하다, 사귀다 | 加班 jiābān 잔업하다, 초과 근무하다

Words

- 度蜜月 dù mìyuè 신혼여행을 보내다
  ▶ 他们去北京度蜜月了。
- 又……又…… yòu……yòu…… ~하기도 하고, ~하기도 하다
- 跟团旅游 gēntuán lǚyóu 단체여행
- 自助游 zìzhùyóu 자유여행, 배낭여행
- 尽兴 jìnxìng 마음껏 즐기다
- 虽说……但是…… suīshuō……dànshì…… 비록 ~하지만, 그러나 ~하다
  ▶ 虽说我们认识很长时间了，但是很少见面。
- 靠 kào 의지하다, 믿다
- 护照 hùzhào 여권
- 口袋 kǒudài 주머니
- 仔细 zǐxì 자세하다, 자세히
  ▶ 你仔细看看这本书。
- 粗心 cūxīn 덜렁이다, 부주의하다
  ▶ 你不要总是那么粗心。
- 沿着 yánzhe ~을 따라서, ~을 끼고
- 大不了 dàbuliǎo 기껏해야, 고작
- 趟 tàng 차례, 번(왕복 횟수)
- 大使馆 dàshǐguǎn 대사관
- 补办 bǔbàn 사후에 처리하다
- 赶不上 gǎnbushàng 시간에 맞출 수 없다
  ▶ 我今天起晚了，赶不上去上课了。

Dialogue 1

#1 여행 ①

智媛和浩民打算去旅游。

浩民 智媛，以前结婚的时候没有去旅游，现在你想去哪儿？
Hàomín　Zhìyuán, yǐqián jiéhūn de shíhou méiyǒu qù lǚyóu, xiànzài nǐ xiǎng qù nǎr?

智媛 我们去济州岛吧！听说很多人都去济州岛度蜜月。
Zhìyuán　Wǒmen qù Jìzhōudǎo ba! Tīngshuō hěn duō rén dōu qù Jìzhōudǎo dù mìyuè.

浩民 现在是夏天，济州岛天气又热，人又多，还是别去了。
Hàomín　Xiànzài shì xiàtiān, Jìzhōudǎo tiānqì yòu rè, rén yòu duō, háishi bié qù le.

智媛 我们去欧洲怎么样？最近流行跟团去欧洲旅游。
Zhìyuán　Wǒmen qù Ōuzhōu zěnmeyàng? Zuìjìn liúxíng gēntuán qù Ōuzhōu lǚyóu.

浩民 好是好，可是跟团旅游❶没有自助游尽兴。
Hàomín　Hǎo shi hǎo, kěshì gēntuán lǚyóu méiyǒu zìzhùyóu jìnxìng.

智媛 不如我们选择自助游吧！
Zhìyuán　Bùrú wǒmen xuǎnzé zìzhùyóu ba!

浩民 好主意。❷虽说价格贵了点，但是自助游一定更有意思。
Hàomín　Hǎo zhǔyi. Suīshuō jiàgé guìle diǎn, dànshì zìzhùyóu yídìng gèng yǒu yìsi.

智媛 不过我不会说英语，出去就靠你了。
Zhìyuán　Búguò wǒ bú huì shuō Yīngyǔ, chūqu jiù kào nǐ le.

济州岛 Jìzhōudǎo 제주도 ｜ 欧洲 Ōuzhōu 유럽

Dialogue 2

#2 여행 ②

智媛和浩民在机场。

浩民 Hàomín
糟糕！护照不见了。
Zāogāo! Hùzhào bú jiàn le.

智媛 Zhìyuán
你不是放在大衣的口袋里了吗?
Nǐ bú shì fàng zài dàyī de kǒudài li le ma?

浩民 Hàomín
对啊! 今天早上我明明放在里面，怎么不见了呢?
Duì a! Jīntiān zǎoshang wǒ míngmíng fàng zài lǐmian, zěnme bú jiàn le ne?

智媛 Zhìyuán
别着急，再仔细找一找。
Bié zháojí, zài zǐxì zhǎo yi zhǎo.

浩民 Hàomín
是不是刚才不小心丢在路上了?
Shì bu shì gāngcái bù xiǎoxīn diū zài lùshang le?

智媛 Zhìyuán
你总是这么粗心。
Nǐ zǒngshì zhème cūxīn.

我们沿着刚才走过的路再走一遍，看一看。
Wǒmen yánzhe gāngcái zǒuguo de lù zài zǒu yí biàn, kàn yi kàn.

浩民 Hàomín
❸**只好**这样了。
Zhǐhǎo zhèyàng le.

要是我们还是找不到，怎么办?
Yàoshi wǒmen háishi zhǎobudào, zěnme bàn?

智媛 Zhìyuán
❹**大不了**去趟大使馆再补办一本，
Dàbuliǎo qù tàng dàshǐguǎn zài bǔbàn yì běn,

不过一定赶不上今天的飞机了。
búguò yídìng gǎnbushàng jīntiān de fēijī le.

Speaking

说一说 1

회화를 읽고, 다음 질문에 대답해 보세요.

❶ A 智媛为什么想去济州岛?
　B _____。

❷ A 跟团旅游好还是自助游好?
　B _____。

❸ A 浩民找不到什么了?
　B _____。

❹ A 智媛说找不到护照怎么办?
　B _____。

说一说 2

다음 질문에 대답해 보세요.

❶ A 你最想去哪儿旅游?
　B _____。

❷ A 喜欢跟谁一起去旅游?
　B _____。

❸ A 新婚旅行时，去什么地方最好?
　B _____。

❹ A 喜欢跟团旅游还是自助游?
　B _____。

 Text

浩民结婚的时候，又没钱又没有时间，所以没带妻子去旅游。他很内疚，觉得对不起妻子，想找个机会好好儿补偿一下她。最近浩民赚了一笔钱，跟妻子一起去欧洲旅行。没想到旅行结束的时候，发生了一件意想不到的事情。浩民丢了护照。最后，他们不得不去大使馆补办了一本。不过手续很麻烦，费用也不低。

Hàomín jiéhūn de shíhou, yòu méi qián yòu méiyǒu shíjiān, suǒyǐ méi dài qīzi qù lǚyóu. Tā hěn nèijiù, juéde duìbuqǐ qīzi, xiǎng zhǎo ge jīhuì hǎohāor bǔcháng yíxià tā. Zuìjìn Hàomín zhuànle yì bǐ qián, gēn qīzi yìqǐ qù Ōuzhōu lǚxíng. Méi xiǎngdào lǚxíng jiéshù de shíhou, fāshēngle yíjiàn yì xiǎng bú dào de shìqing. Hàomín diūle hùzhào. Zuìhòu, tāmen bùdébù qù dàshǐguǎn bǔbànle yì běn. Búguò shǒuxù hěn máfan, fèiyòng yě bù dī.

단어
内疚 nèijiù 마음에 찔리다, 가책을 느끼다 | 补偿 bǔcháng 보상(하다) | 意想不到 yìxiǎng bú dào 생각지도 못하다, 의외다 | 手续 shǒuxù 수속 | 费用 fèiyòng 비용

 Listening

1 녹음 내용을 듣고, 알맞은 답을 골라 보세요.

❶ 浩民最内疚的事情是什么?

　A 又没有钱又没有时间
　B 从来没有带妻子去旅行过

❷ 旅行的时候发生了一件什么意想不到的事情?

　A 浩民丢了护照
　B 浩民迷路了

2 녹음 내용을 듣고 빈칸을 채운 후, 문장의 옳고 그름을 판단해 보세요.

❶ 浩民最近赚了_____。

　A 对　　　　　　B 错

❷ 补办护照的手续_____, 但是费用_____。

　A 对　　　　　　B 错

판자위안(潘家园)

판자위안은 골동품 벼룩시장으로 '베이징의 황학동'이라고 할 수 있어요. 골동품을 판다는 것에서는 류리창과 비슷하지만, 분위기나 성격상 전혀 다른 곳이에요. 류리창보다 좀 더 서민적인 문화 장터라고 할 수 있어요. 류리창을 '문화거리'라고 한다면, 판자위안은 완전 '시장통'이죠. 가장 중국적인 선물을 마련하고 싶은 관광객이라면 이곳에서 소장 가치가 있는 저렴한 선물을 구입할 수 있으니 베이징 여행의 마지막 코스로 추천합니다.

Writing

1 다음 빈칸을 채워 보세요.

浩民结婚的时候，又＿＿＿又＿＿＿＿，所以没带妻子去旅游。他很＿＿＿，觉得＿＿＿＿妻子，想找个机会＿＿＿＿＿＿她。最近浩民＿＿＿＿＿＿，跟妻子一起去欧洲旅行。没想到旅行结束的时候，发生了一件＿＿＿＿＿的事情。浩民丢了护照。最后，他们＿＿＿去大使馆＿＿＿＿＿。不过手续很麻烦，费用也不低。

2 다음 문장을 중국어로 써 보세요.

❶ 하오민은 결혼할 때 돈도 없고 시간도 없어서, 아내를 데리고 여행을 가지 못했다.

❷ 그는 마음속으로 가책을 느껴서 아내에게 미안했고,

❸ 그녀에게 충분히 보상할 기회를 찾고 싶었다.

❹ 최근 하오민은 목돈을 벌어서, 아내와 함께 유럽으로 여행을 갔다.

❺ 생각지도 못하게, 여행이 끝날 무렵, 의외의 일이 하나 생겼다.

❻ 하오민이 여권을 잃어버린 것이다.

❼ 결국 그들은 어쩔 수 없이 대사관에 가서 한 부를 재발급해야 했다.

❽ 그러나 수속이 아주 번거롭고, 비용도 적지 않았다.

1 비교문의 부정

▶ 두 가지 대상의 성질, 상태 혹은 정도의 차이를 비교하는 비교문은 주로 전치사 比와 동사 有를 사용한다. 이때 부정은 不如, 没有, 不比를 쓰며, 'A는 B만큼 ~하지 않다, A는 B만 못하다'의 뜻이 된다.

> A + 不如/没有/不比 + B + 형용사

▶ 多了, 极了, 死了, 透了 등의 정도보어와 함께 쓰일 수 없다.

> A + 不如/没有/不比 + B + 형용사 + 정도보어(多了/极了/死了/透了)

- 我不如你高。(○)
  我不如你高多了。(×)
- 我没有你累。(○)
  我没有你累极了。(×)

나는 너만큼 키가 크지 않다.

나는 너만큼 피곤하지 않다.

▶ 수량보어와 함께 쓰일 수 없다.

> A + 不如/没有/不比 + B + 형용사 + 수량보어

- 他没有我大。(○)
  他没有我大一岁。(×)
- 你不比我高。(○)
  你不比我高0.1米。(×)

그는 나만큼 나이가 많지 않다.

너는 나보다 키가 크지 않다.

▶ 更, 还와 함께 쓰일 수 없다.

> A + 不如/没有/不比 + B + 更/还 + 형용사

- 我跑步不如你快。(○)
  我跑步不如你更快。(×)
- 我的汉语水平不比你的差。(○)
  我的汉语水平不比你的还差。(×)

나는 너만큼 빨리 달리지 못한다.

내 중국어 실력은 너보다 나쁘지 않다.

2 虽说……但是……

▶ 虽说는 '비록 ~이라도'의 뜻으로, 뒤 절에 但是, 然而, 还是 등과 호응하여 전환관계를 나타낸다. 주로 회화체에서 쓰인다.

- **虽说**你的心情不好，**但是**不应该随便发脾气。
  비록 네 기분이 좋지 않더라도, 제멋대로 성질을 내면 안 되지.
- **虽说**下周要考试了，**但是**妹妹还是整天玩儿。
  비록 다음 주에 시험이 있지만, 여동생은 여전히 하루 종일 논다.
- **虽说**今天天气很冷，**但是**我的女朋友穿的衣服还是很少。
  비록 오늘 날씨가 춥지만, 내 여자 친구는 여전히 옷을 적게 입었다.

3 只好

▶ '부득이, 할 수 없이'라는 의미로 다른 선택의 여지가 없음을 나타낸다.

- 又到假期了，没有人陪我去旅游，我**只好**一个人去。
  또 휴가철이 되었는데, 아무도 나와 여행을 가지 않아서, 난 혼자 갈 수밖에 없다.
- 天气太热了，我**只好**呆在家里。
  날씨가 너무 더워서 집에 있을 수밖에 없다.

4 大不了

▶ '기껏해야[그래봐야] 이 정도'라는 의미로, 가장 안 좋은 상황을 가정해도 대수롭지 않음을 나타낸다.

- 他生气就生气吧，**大不了**以后不跟他打交道。
  그가 화를 내면 내는 거지, 그래봐야 앞으로 그와 인사를 안 하면 그만이야.
- 如果这家餐馆的菜不好吃，**大不了**以后我不来这里吃饭。
  만일 이 식당의 요리가 맛이 없더라도, 다음에 여기 안 오면 그만이지.

Check up

Q 다음 문장을 바르게 고쳐 보세요.

1. 我不比你饿死了。 _____。
2. 我不如你晚1小时。 _____。
3. 他的生活没有我的更好。 _____。

练习 Exercise

1 그림 보고 말하기 • 다음 그림을 보고 대화를 완성해 보세요.

1

A 护照和机票都拿好了吧？
B _____。
（仔细，检查）

2

A 老天不帮忙，下雨了，不能去玩儿了。
B _____。
（大不了，看电视）

3

A 你看见昨天我从银行里取出来的钱了吗？
B _____。
（放，口袋）

2 표현 연습 • 다음 표현을 사용하여 문장을 완성해 보세요.

虽说……但是……

1 A 走了那么长的路，你累不累？
   B _____。

2 A 你认识他吗？
   B _____。

只好

3 A 今天的飞机晚点了，怎么办？
  B _____。

4 A 你不喜欢喝可乐，可是我家只有可乐和水。
  B _____。

大不了

5 A 如果你不努力学习，以后不能上大学了。
  B _____。

6 A 你还在睡觉，迟到了怎么办？
  B _____。

3 도전 스피킹 중국어 • 다음 상황에 맞게 중국어로 자유롭게 말해 보세요.

你打算和朋友一起去旅游，和他们商量一下去哪儿旅游。

A 你想去哪儿旅游？
B _____。
A 还是别去那里。_____。
B 我去_____，怎么样？
A 好是好，但是_____。
B 算了，我自己决定旅游的地方吧。

句子 PLUS+

4 여행

① 去外国旅游越来越方便，很多国家不需要签证。
Qù wàiguó lǚyóu yuèláiyuè fāngbiàn, hěn duō guójiā bù xūyào qiānzhèng.
해외여행을 가는 것이 갈수록 편해지고 있어요. 많은 나라들이 비자가 필요 없어요.

② 年轻人喜欢住在青年旅社，又安全又便宜。
Niánqīngrén xǐhuan zhù zài qīngnián lǚshè, yòu ānquán yòu piányi.
젊은이들은 유스호스텔에서 머무는 것을 좋아하는데, 안전하기도 하고, 싸기도 해요.

③ 导游向旅客介绍旅游景点。
Dǎoyóu xiàng lǚkè jièshào lǚyóu jǐngdiǎn.
여행 가이드는 관광객들에게 여행명소를 소개해요.

④ 为了安全，年轻漂亮的女人最好不要搭便车。
Wèile ānquán, niánqīng piàoliang de nǚrén zuìhǎo búyào dā biànchē.
안전을 위해 젊고 예쁜 여자들은 히치하이크를 하지 않는 것이 좋아요.

⑤ 在旅行社可以办护照和签证，但是价格很贵。
Zài lǚxíngshè kěyǐ bàn hùzhào hé qiānzhèng, dànshì jiàgé hěn guì.
여행사에서 여권과 비자 수속을 할 수 있지만, 가격은 매우 비싸요.

⑥ 听说亚洲只有一个七星级的酒店。
Tīngshuō Yàzhōu zhǐyǒu yí ge qī xīngjí de jiǔdiàn.
듣자 하니 아시아에는 7성급 호텔이 한 곳밖에 없대요.

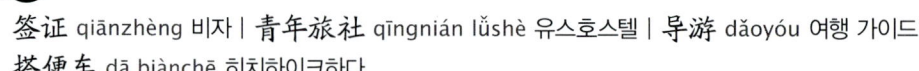

签证 qiānzhèng 비자 | 青年旅社 qīngnián lǚshè 유스호스텔 | 导游 dǎoyóu 여행 가이드 |
搭便车 dā biànchē 히치하이크하다

학교생활
我是广播员

chapter 05

Dialogue

이 과의 **회화**
1. 과외 활동①
   娜娜在路上遇到了山本。
2. 과외 활동②
   两个月后，娜娜和山本又见面了。

Grammar

이 과의 **어법**
1. 결과보어 上
2. ……吧……；……吧……；……吧……
3. 尽管……但是……
4. 并

Key Expressions

track 05-1

1 ······ 从小就 ······ 。 ~는 어릴 때부터 ~했어요.

我 wǒ	喜欢看中国的电影 xǐhuan kàn Zhōngguó de diànyǐng
他 tā	不吃香菜 bù chī xiāngcài
妈妈 māma	学习英语 xuéxí Yīngyǔ

2 凭 ······ ， ······ 。 ~에 따라 ~했어요.

我对他的了解 wǒ duì tā de liǎojiě	我早就猜到了 wǒ zǎojiù cāidào le
他对电影的喜爱 tā duì diànyǐng de xǐ'ài	他终于当上了导演 tā zhōngyú dāngshàngle dǎoyǎn
他的足球技巧 tā de zúqiú jìqiǎo	他赢了那场比赛 tā yíngle nà chǎng bǐsài

凭은 '~에 근거하여, ~에 의거하여'라는 뜻으로 실직적인 근거, 능력, 경험, 의지에 의존한다는 의미예요.

3 既然 ······ ， 就 ······ 。 ~한 이상, ~해요.

你不是真的爱他 nǐ bú shì zhēnde ài tā	别结婚 bié jiéhūn
天气不好 tiānqì bù hǎo	别出去玩儿了 bié chūqu wánr le
发工资了 fā gōngzī le	请客吧 qǐngkè ba

4 ······ 和 ······ 相比， ······ 。 ~와 ~를 비교해 보면, ~해요.

我的爱人 wǒ de àiren	他的爱人 tā de àiren	什么都不会 shénme dōu bú huì
我的能力 wǒ de nénglì	他的能力 tā de nénglì	还差得远 hái chà de yuǎn
日本 Rìběn	美国 Měiguó	有很多差异 yǒu hěn duō chāyì

早就 zǎojiù 벌써, 진작 | 喜爱 xǐ'ài 좋아하다, 애호하다 | 赢 yíng 이기다 | 差异 chāyì 차이

# 生词

Words

track 05-2

- 参加 cānjiā 참석하다, 참가하다
  ▶ 这个周末我打算参加朋友的婚礼。
- 社团 shètuán 동아리(사회의 각종 조직)
- 广播员 guǎngbōyuán 아나운서
- 电台 diàntái 방송국
- 赶忙 gǎnmáng 서둘러
- 报名 bàomíng 등록하다
  ▶ 我去汉语补习班报名了。
- 凭 píng ~에 근거하다, ~에 의해
- 成功 chénggōng 성공하다
- 声音 shēngyīn 목소리
- 想象 xiǎngxiàng 상상(하다)
  ▶ 你的想象力真丰富。
- 播音 bōyīn 방송하다
- 技巧 jìqiǎo 기교, 기술
- 进步 jìnbù 진보, 발전(하다)
  ▶ 他的汉语进步非常大。
- 专业 zhuānyè 전공
- 节目 jiémù 프로그램
- 娱乐 yúlè 오락
- 活泼 huópo 활발, 활달하다
  ▶ 我喜欢性格活泼的女孩儿。
- 科学 kēxué 과학

Dialogue 1

#1 과외 활동 ①

娜娜在路上遇到了山本。

娜娜 这学期你参加了什么社团？我看你天天忙得要命。
Nàna　Zhè xuéqī nǐ cānjiāle shénme shètuán?　Wǒ kàn nǐ tiāntiān máng de yàomìng.

山本 我从小就想做个广播员，一看见学校的广播电台
Shānběn　Wǒ cóng xiǎo jiù xiǎng zuò ge guǎngbōyuán, yí kànjiàn xuéxiào de guǎngbō diàntái

选新的广播员，就赶忙去报名了。
xuǎn xīn de guǎngbōyuán, jiù gǎnmáng qù bàomíng le.

娜娜 那结果怎么样啊？
Nàna　Nà jiéguǒ zěnmeyàng a?

山本 凭我的能力，当然成功了。
Shānběn　Píng wǒ de nénglì, dāngrán chénggōng le.

娜娜 那以后你就是学校的名人了。
Nàna　Nà yǐhòu nǐ jiùshì xuéxiào de míngrén le.

山本 哪儿啊！
Shānběn　Nǎr a!

不过以后就能在广播里常常听见我的声音了。
Búguò yǐhòu jiù néng zài guǎngbō li chángcháng tīngjiàn wǒ de shēngyīn le.

娜娜 既然当❶上了广播员，就好好儿地工作吧。
Nàna　Jìrán dāngshàngle guǎngbōyuán, jiù hǎohāor de gōngzuò ba.

山本 那当然了。
Shānběn　Nà dāngrán le.

Dialogue 2

#2 과외 활동②

两个月后，娜娜和山本又见面了。

track 05-4

娜娜 Nàna
广播电台的工作怎么样啊？和你想象的一样吗？
Guǎngbō diàntái de gōngzuò zěnmeyàng a? Hé nǐ xiǎngxiàng de yíyàng ma?

山本 Shānběn
别提了。每天早上五点半就得起床，
Bié tí le. Měitiān zǎoshang wǔ diǎn bàn jiù děi qǐchuáng,

去和老广播员学习播音技巧。
qù hé lǎo guǎngbōyuán xuéxí bōyīn jìqiǎo.

娜娜 Nàna
那你有没有进步啊？
Nà nǐ yǒu méiyǒu jìnbù a?

山本 Shānběn
我不是专业的，和那些专业的学生相比，
Wǒ bú shì zhuānyè de, hé nà xiē zhuānyè de xuésheng xiāngbǐ,

我还差得太远。
wǒ hái chà de tài yuǎn.

娜娜 Nàna
那你想以后播什么节目啊？
Nà nǐ xiǎng yǐhòu bō shénme jiémù a?

新闻、娱乐还是科学？
Xīnwén、yúlè háishi kēxué?

山本 Shānběn
新闻❷吧，太正式了；娱乐吧，太活泼了；科学吧，
Xīnwén ba, tài zhèngshì le; yúlè ba, tài huópo le; kēxué ba,

又太没意思了。郁闷死了。
yòu tài méi yìsi le. Yùmèn sǐ le.

娜娜 Nàna
现在知道什么都不是一件容易的事了吧。
Xiànzài zhīdao shénme dōu bú shì yí jiàn róngyì de shì le ba.

山本 Shānběn
是啊，所以我会更努力的。
Shì a, suǒyǐ wǒ huì gèng nǔlì de.

说一说 1

Speaking

회화를 읽고, 다음 질문에 대답해 보세요.

❶ A 山本最近在忙什么?
B _____。

❷ A 山本的梦想是什么?
B _____。

❸ A 广播电台的工作怎么样?
B _____。

❹ A 山本为什么郁闷?
B _____。

说一说 2

다음 질문에 대답해 보세요.

❶ A 你参加过社团吗?
B _____。

❷ A 参加社团有什么好处?
B _____。

❸ A 最想参加什么社团?
B _____。

❹ A 遇到困难你会怎么办?
B _____。

 Text

这学期，山本参加了学校组织的社团——校园广播电台。山本从小就想做一个播音员，所以一看见那个社团选新的广播员，就赶忙去报名了。凭山本的能力，他当上了播音员。但是山本没做过播音员，和那些学播音专业的学生相比，他觉得有点儿吃力。❸**尽管**现在他还不知道播什么节目更适合他，**但是**山本不想放弃。他每天早上五点半就起床，去和老广播员学习播音技巧，那❹**并**不是一件容易的事，但是他说他会更努力的。

Zhè xuéqī, Shānběn cānjiāle xuéxiào zǔzhī de shètuán—xiàoyuán guǎngbō diàntái. Shānběn cóng xiǎo jiù xiǎng zuò yí ge bōyīnyuán, suǒyǐ yí kànjiàn nà ge shètuán xuǎn xīn de guǎngbōyuán, jiù gǎnmáng qù bàomíng le. Píng Shānběn de nénglì, tā dāngshàngle bōyīnyuán. Dànshì Shānběn méi zuòguo bōyīnyuán, hé nà xiē xué bōyīn zhuānyè de xuésheng xiāngbǐ, tā juéde yǒudiǎnr chīlì. Jǐnguǎn xiànzài tā hái bù zhīdào bō shénme jiémù gèng shìhé tā, dànshì Shānběn bù xiǎng fàngqì. Tā měitiān zǎoshang wǔ diǎn bàn jiù qǐchuáng, qù hé lǎo guǎngbōyuán xuéxí bōyīn jìqiǎo, nà bìng bú shì yí jiàn róngyì de shì, dànshì tā shuō tā huì gèng nǔlì de.

 단어

组织 zǔzhī 조직(하다) | 校园 xiàoyuán 캠퍼스 | 吃力 chīlì 힘이 들다 | 尽管 jǐnguǎn 비록 ~하지만 | 放弃 fàngqì 포기하다

 Listening

 track 05-6

1 녹음 내용을 듣고, 알맞은 답을 골라 보세요.

❶ 山本参加了什么社团?

   A 广播电台
   B 汉语学习社团

❷ 山本为什么想去那个社团?

   A 随便选择的
   B 那是他从小的梦想

2 녹음 내용을 듣고 빈칸을 채운 후, 문장의 옳고 그름을 판단해 보세요.

❶ 现在山本已经做得_____。

   A 对   B 错

❷ 山本觉得参加这个_____是一件_____的事。

   A 对   B 错

후퉁(胡同)

후퉁은 우리말로 번역하자면 '뒷골목'쯤 되는데, 뒷골목보다는 달동네라고 하는 게 더 적합할 거예요. 즉, 오래된 동네 골목이라는 거죠. 후퉁은 베이징 서민들의 생활 터전이 되어온 곳으로, 베이징의 소박한 아름다움을 느낄 수 있답니다. 그러나 아쉽게도 이런 옛 정취 가득한 후퉁을 중국 당국에서는 비위생적이고 열악하다는 이유로 최소한의 후퉁만 남겨 두고 철거를 명령했답니다.

Writing 写一写

1 다음 빈칸을 채워 보세요.

　　这学期，山本参加了学校组织的社团——校园广播电台。山本＿＿＿＿＿一个播音员，所以＿＿＿＿＿那个社团选新的广播员，就＿＿＿＿＿报名了。＿＿＿＿＿山本的能力，他当上了播音员。但是山本没做过播音员，＿＿＿＿＿那些学播音专业的学生＿＿＿＿＿，他觉得＿＿＿＿＿。＿＿＿＿＿现在他还不知道播什么节目更适合他，＿＿＿＿＿山本不想放弃。他每天早上五点半就起床，去和老广播员学习播音技巧，那＿＿＿＿＿一件容易的事，但是他说他会更努力的。

2 다음 문장을 중국어로 써 보세요.

❶ 이번 학기에 야마모토는 학교에서 조직한 동아리인 교내 방송국에 참가했다.

❷ 야마모토는 어릴 때부터 아나운서가 되고 싶었기 때문에 그 동아리에서 새 아나운서를 뽑는 것을 보자마자 서둘러 등록했다.

❸ 야마모토는 자신의 능력으로 아나운서가 되었다.

❹ 그러나 야마모토는 아나운서를 해 본 적이 없어서, 전공인 학생들과 비교해, 그는 좀 힘이 든다고 생각했다.

❺ 비록 지금 그는 어떤 프로그램을 방송하는 것이 그에게 더 적합할지 아직 모르지만, 야마모토는 포기하고 싶지 않았다.

❻ 그는 매일 아침 5시 반에 일어나 아나운서 선배에게 방송 기교를 배웠는데,

❼ 그건 결코 쉬운 일이 아니었지만, 그는 더 노력할 것이라고 했다.

1 결과보어 上

▶ 결과보어는 동사 뒤에 붙어서 동작의 결과를 나타낸다. 上이 결과보어로 쓰이면 동작이 일정한 정도에 이르게 됨, 동작·행위가 (대상물에 미치기) 시작하여 지속됨, 사물이 일정한 위치에 도달함, 목적의 실현이나 가능 등을 나타낸다.

- 他终于开上了自己的车。
  그는 결국 자신의 차를 운전하게 되었다.
- 他也当上老板了。
  그도 사장이 되었다.
- 最近她爱上了一个男孩儿。
  요즘 그녀는 한 남자아이를 사랑하게 되었다.

2 ……吧……；……吧……；……吧……

▶ 예를 들 때 쓰이는 형식으로, 통상적으로 열거된 내용이 자신의 마음에 맞지 않음을 나타낸다.

- 穿红色的吧，不适合我的性格；穿黑色的吧，太热；穿白的吧，怕脏。真不知道穿什么好。
  빨간색을 입자니, 내 성격과 맞지 않고, 검은색을 입자니, 너무 덥고, 흰색을 입자니, 더러워질까 걱정이야. 뭘 입어야 좋을지 정말 모르겠다.
- 春天去吧，有风沙；夏天去吧，气温太高；冬天去吧，天气太冷，看来只有秋天去了。
  봄에 가자니, 황사가 있고, 여름에 가자니, 기온이 너무 높고, 겨울에 가자니, 날씨가 너무 춥고, 보아하니 가을에 갈 수밖에 없겠네.

3 尽管……但是……

▶ 尽管은 '비록 ～일지라도'라는 뜻으로, 뒤 절에 但是, 然而, 还是 등과 호응하여 역접을 나타낸다. 虽然, 虽说와 바꿔 쓸 수 있다.

- 尽管很吃力，但是我还得继续学习。
  비록 매우 힘이 들지만, 난 그래도 계속 공부해야 한다.
- 尽管不喜欢妈妈做的菜，但是也得每天吃。
  비록 엄마가 만든 요리를 좋아하지 않더라도, 매일 먹어야 한다.
- 尽管我没有男朋友，但是我每天生活得很快乐。
  비록 나는 남자 친구가 없지만, 매일 즐겁게 생활한다.

4 并

▶ 并은 '결코, 절대'라는 뜻으로 일반적으로 不, 没 앞에 쓰여서 부정의 어감을 강조하며, 반박의 어감을 나타낸다.

- 他说的**并**不是真的。
  그가 말하는 것은 결코 사실이 아니다.
- 这**并**不是我的错误。
  이것은 결코 내 잘못이 아니다.
- 我**并**不知道这是你的。
  난 이게 네 것이라는 걸 결코 몰랐다.

###

Q 다음 빈칸을 채워 보세요.

1. 我们只是认识，_____不是朋友。
2. 弟弟终于考_____了大学。
3. _____她工作很累，_____过得很快乐。
4. 去上海_____，天气太冷；去香港_____，机票太贵；去北京_____，她已经去过一次了。真不知道去哪里好。

1 그림 보고 말하기 • 다음 그림을 보고 대화를 완성해 보세요.

1

A 数学可真让人头疼啊!
B _____。
（既然……就……）

2

A 他怎么拿到奖学金的?
B _____。
（凭……）

3

A 这学期选什么课?
B _____。
（……吧……；……吧……；……吧……）

2 표현 연습 • 다음 표현을 사용하여 문장을 완성해 보세요.

没有钱
买漂亮的衣服

1 尽管_____,
   但是我还是_____。

| 学习汉语很难 | 2 | 尽管＿＿＿＿＿＿＿＿＿＿＿， |
| 得努力学习 | | 但是我还是＿＿＿＿＿＿＿＿＿。|

| 怕胖 | 3 | 尽管＿＿＿＿＿＿＿＿＿＿＿， |
| 想吃烤肉 | | 但是我还是＿＿＿＿＿＿＿＿＿。|

| 工作的压力很大 | 4 | 尽管＿＿＿＿＿＿＿＿＿＿＿， |
| 不想辞职 | | 但是我还是＿＿＿＿＿＿＿＿＿。|

3 도전 스피킹 중국어 • 다음 상황에 맞게 중국어로 자유롭게 말해 보세요.

遇到了很久没见的朋友，他刚换了工作。

A 好久不见，＿＿＿＿＿＿＿＿＿＿？

B ＿＿＿＿＿＿＿，忙得要命。

A 为什么突然换工作了呢？

B 和以前的工作相比，＿＿＿＿＿＿＿＿＿＿。

A ＿＿＿就好。尽管＿＿＿＿＿，但是＿＿＿＿＿＿！

B 我知道了，＿＿＿＿＿＿＿＿。

句子

5 무력함

① 我实在是没招了。
Wǒ shízài shì méi zhāo le.
저는 사실 수가 다 떨어졌어요.

② 我真的无能为力了。
Wǒ zhēnde wú néng wéi lì le.
나는 정말 할 수 없어요.

③ 看来已经没有希望了。
Kànlai yǐjing méiyǒu xīwàng le.
보아하니 이미 희망이 없어요.

④ 听天由命吧!
Tīng tiān yóu mìng ba!
하늘의 뜻에 따라야죠!

⑤ 算了，随他去吧!
Suàn le, suí tā qù ba!
됐어요, 내버려둬요!

⑥ 现在还能有什么办法呢?
Xiànzài hái néng yǒu shénme bànfǎ ne?
지금 무슨 다른 방법이 있겠어요?

招 zhāo 계책, 수단 | **无能为力** wú néng wéi lì 역량 밖이라 아무 일도 못 하다 | **随** suí 맡기다, 마음대로 하게 하다

사랑1

我有心上人了

chapter 06

이 과의 회화

1 짝사랑①
   英爱和安娜聊天儿。
2 짝사랑②
   英爱遇见了山本。

Dialogue

이 과의 어법

1 ……来着
2 반어문
3 결과보어 住
4 단음절 형용사의 중첩

Grammar

Key Expressions

1 ...... 像 ...... 一样。 ~은 마치 ~와 같아요.

他的心 tā de xīn	大海 dàhǎi
那个女人的腿又细又直 nà ge nǚrén de tuǐ yòu xì yòu zhí	筷子 kuàizi
他穿得 tā chuān de	明星 míngxīng

2 往 ...... 方向 ......( )。 ~쪽으로 ~하세요.(~쪽으로 ~하면 ~해요.)

你前面的 nǐ qiánmian de	看 kàn	那儿有一个帅哥 nàr yǒu yí ge shuàigē
星巴克的 Xīngbākè de	走 zǒu	就能看见化妆品店 jiù néng kànjiàn huàzhuāngpǐndiàn
地铁站的 dìtiězhàn de	跑 pǎo	

3 ......，还不是为了 ......？ ~은 ~하기 위해서가 아니겠어요?

我这样做 wǒ zhèyàng zuò	让你高兴 ràng nǐ gāoxìng
现在努力学习汉语 xiànzài nǔlì xuéxí Hànyǔ	有一个好前途 yǒu yí ge hǎo qiántú
现在饿着 xiànzài èzhe	一会儿去吃一顿好的 yíhuìr qù chī yí dùn hǎo de

4 难道 ......？ 설마 ~하겠어요?

你不知道他是这样的人 nǐ bù zhīdào tā shì zhèyàng de rén
你没吃早饭 nǐ méi chī zǎofàn
你有男朋友了 nǐ yǒu nánpéngyou le

难道는 말하는 사람의 반문하는 어감을 더 강하게 나타내는 어기부사로, 주로 반어문에서 吗나 不成과 호응하여 쓰여요.

Words

track 06-2

- 隔壁 gébì 옆집
  - 隔壁的女生非常漂亮。
- 格子 gézi 네모칸, 체크무늬
- 衬衫 chènshān 셔츠, 블라우스
- 深蓝色 shēnlánsè 짙은 파란색
- 牛仔裤 niúzǎikù 청바지
  - 年轻人都喜欢穿牛仔裤。
- 运动鞋 yùndòngxié 운동화
- 浓眉大眼 nóngméi dàyǎn 짙은 눈썹에 큰 눈
  - 浓眉大眼的男生看起来很帅。
- 梳 shū (머리를) 빗다
- 自动贩卖机 zìdòng fànmàijī 자동판매기
- 爱情 àiqíng 애정, 사랑
- 心上人 xīnshàngrén 마음에 둔 사람
  - 你有心上人吗？
- 忍不住 rěnbuzhù 참을 수 없다
- 魅力 mèilì 매력
  - 她是一个有魅力的女人。
- 月亮 yuèliang 달

Dialogue 1

#1 짝사랑 ①

英爱和安娜聊天儿。

英爱 你看见山本了吗?
Yīng'ài　Nǐ kànjiàn Shānběn le ma?

安娜 谁是山本?
Ānnà　Shéi shì Shānběn?

英爱 就是隔壁班的那个日本留学生，今天他穿了一件格子
Yīng'ài　Jiùshì gébì bān de nà ge Rìběn liúxuéshēng, jīntiān tā chuānle yí jiàn gézi
　　　衬衫，一条深蓝色的牛仔裤和一双耐克的运动鞋。
　　　chènshān, yì tiáo shēnlánsè de niúzǎikù hé yì shuāng Nàikè de yùndòngxié.

安娜 你说的是那个浓眉大眼、梳着毛寸的男生吧?
Ānnà　Nǐ shuō de shì nà ge nóngméi dàyǎn, shūzhe máocùn de nánshēng ba?

英爱 对，就是他。
Yīng'ài　Duì, jiù shì tā.

安娜 刚才他在自动贩卖机那儿买咖啡❶来着。
Ānnà　Gāngcái tā zài zìdòng fànmàijī nàr mǎi kāfēi láizhe.
　　　买完以后，往图书馆的方向走了。
　　　Mǎiwán yǐhòu, wǎng túshūguǎn de fāngxiàng zǒu le.

英爱 图书馆! 他从什么时候开始去图书馆了?
Yīng'ài　Túshūguǎn! Tā cóng shénme shíhou kāishǐ qù túshūguǎn le?

安娜 我最近在图书馆常常能看见他。
Ānnà　Wǒ zuìjìn zài túshūguǎn chángcháng néng kànjiàn tā.

耐克 Nàikè 나이키(브랜드 명) | 毛寸 máocùn 스포츠형 헤어스타일

Dialogue 2

#2 짝사랑 ②

英爱遇见了山本。

track 06-4

英爱 Yīng'ài
山本，听说你最近开始去图书馆了?
Shānběn, tīngshuō nǐ zuìjìn kāishǐ qù túshūguǎn le?

山本 Shānběn
那❷还不是为了爱情?
Nà hái bú shì wèile àiqíng?

英爱 Yīng'ài
你有心上人了吗?
Nǐ yǒu xīnshàngrén le ma?

山本 Shānběn
一说起她，我就忍不❸住笑起来。
Yì shuōqǐ tā, wǒ jiù rěnbuzhù xiàoqǐlai.

英爱 Yīng'ài
是谁有这么大的魅力啊!
Shì shéi yǒu zhème dà de mèilì a!

山本 Shānběn
就是隔壁班的那个美国留学生。金色的头发，
Jiùshì gébì bān de nà ge Měiguó liúxuéshēng. Jīnsè de tóufa,
蓝色的眼睛，笑起来，眼睛就像月亮一样。
lánsè de yǎnjing, xiàoqǐlai, yǎnjing jiù xiàng yuèliang yíyàng.
真是美丽极了。
Zhēnshi měilì jí le.

英爱 Yīng'ài
啊! 原来你的心上人是安娜。
Ǎ! Yuánlái nǐ de xīnshàngrén shì Ānnà.

山本 Shānběn
难道你认识她?
Nándào nǐ rènshi tā?

说一说 1

Speaking

회화를 읽고, 다음 질문에 대답해 보세요.

❶ A 谁找山本?
　 B _____。

❷ A 山本今天穿了什么?
　 B _____。

❸ A 安娜长什么样?
　 B _____。

❹ A 英爱和山本、安娜分别是什么关系?
　 B _____。

说一说 2

다음 질문에 대답해 보세요.

❶ A 你经常去的地方是什么地方? 为什么?
　 B _____。

❷ A 说说你身边的人今天穿了什么? 长什么样?
　 B _____。

❸ A 在你的生活中，什么事是最重要的?
　 B _____。

❹ A 你暗恋过别人吗?
　 B _____。

Text

最近安娜在图书馆经常能看见一个日本留学生。他长得浓眉大眼、梳着毛寸。而且那个男生总是偷偷地看她，安娜也不知道是怎么回事。最近山本爱去图书馆了，大家都以为他爱学习了，连英爱也感到奇怪。原来山本有心上人了，是一个美国女孩儿，那个女孩儿金发碧眼，笑起来，眼睛像❹弯弯的月亮一样，漂亮极了。山本深深地迷上了那个女孩儿。但是山本不知道，安娜是英爱的好朋友。看来他们能不能成为恋人，英爱也是很重要的因素啊。

단어
偷偷地 tōutōu de 몰래 | 金发碧眼 jīnfà bìyǎn 금발에 파란 눈 | 弯弯的 wānwān de 구불구불한 | 深深地 shēnshēn de 깊게, 깊이 | 迷 mí 빠져들다, 미혹되다 | 恋人 liànrén 연인 | 因素 yīnsù 요소

Listening

听一听

1 녹음 내용을 듣고, 알맞은 답을 골라 보세요.

❶ 山本最近喜欢做什么?

　　A 去自动贩卖机那儿买咖啡
　　B 去图书馆学习

❷ 山本的心上人是谁?

　　A 英爱
　　B 安娜

2 녹음 내용을 듣고 빈칸을 채운 후, 문장의 옳고 그름을 판단해 보세요.

❶ 山本以前不喜欢_____。

　　A 对　　　　　B 错

❷ 安娜_____自己是山本的_____。

　　A 对　　　　　B 错

난뤄구샹(南锣鼓巷) 후퉁

난뤄구샹은 원래 서민들이 모여 사는 평범한 후퉁이었지만 언젠가부터 전통 가옥을 개조한 예쁜 숍들이 들어서기 시작하면서 지금은 서울의 삼청동처럼 운치 있는 골목길이 조성되었답니다. 궁리와 장쯔이 등 중국의 유명 배우들을 배출한 드라마 센터인 중앙희극학원도 이곳에 위치하고 있어요.

Writing

1 다음 빈칸을 채워 보세요.

> 最近安娜在图书馆经常能看见一个日本留学生。他长得 ＿＿＿＿＿，梳着＿＿＿＿。而且那个男生总是＿＿＿＿看她，安娜也不知道是怎么回事。最近山本爱去图书馆了，大家都以为他爱学习了，连英爱也＿＿＿＿＿＿。原来山本有＿＿＿＿＿了，是一个美国女孩儿，那个女孩儿＿＿＿＿＿，笑起来，眼睛像＿＿＿＿＿＿一样，漂亮极了。山本深深地＿＿＿＿＿那个女孩儿。但是山本不知道，安娜是英爱的好朋友。看来他们能不能＿＿＿＿，英爱也是很重要的因素啊。

2 다음 문장을 중국어로 써 보세요.

❶ 요즘 안나는 도서관에서 한 일본 유학생을 자주 볼 수 있다. 그는 짙은 눈썹에 큰 눈으로 스포츠형 헤어스타일을 하고 있다.

❷ 게다가 그 남학생은 항상 몰래 그녀를 쳐다보는데, 안나도 어찌된 영문인지 모른다.

❸ 최근 야마모토는 도서관에 가기를 좋아하는데, 모두들 그가 공부하는 걸 좋아하는 줄로 알고 있고, 영애조차도 이상하다고 느꼈다.

❹ 알고 보니 야마모토는 마음에 둔 사람이 있었는데, 미국 여자아이로 그 여자아이는 금발에 파란 눈인데,

❺ 웃으면 눈이 마치 초승달처럼 매우 아름다웠다. 야마모토는 그 여자아이에게 깊이 빠졌다.

❻ 그러나 야마모토는 안나가 영애의 절친한 친구라는 것을 몰랐다.

❼ 보아하니 그들이 연인이 될 수 있을지 없을지는, 영애도 아주 중요한 요소이다.

1 ······来着

▶ 来着는 문장 끝에 쓰여 이미 일어났었던 일을 나타낸다. 부정 형식이 없으며, 의문문의 경우는 什么, 谁, 哪 등이 쓰이는 의문문에서만 사용된다. '~이라고 했더라'라는 뜻으로 원래 알고 있었으나 현재는 잊어버렸다는 의미를 나타낸다.

- 那个电影叫什么名字来着?   저 영화는 제목이 뭐라고 했더라?
- 你昨天说什么来着?   네가 어제 뭐라고 했었더라?
- 这条裙子多少钱来着?   이 치마가 얼마라고 했더라?

2 반어문

▶ 반어문은 일반적으로 어감을 강조하는 역할을 하며, 아래와 같은 반어문 형식이 자주 사용된다.

- 不是······吗?   ~아니야?
  这不是你的书吗?   이거 네 책 아니야?
- 还不是······?   ~이 아니란 말이야?
  还不是为了去中国工作?   중국에 가서 일하려고 한 게 아니란 말이야?
- 难道······?   설마 ~하단 말이야?
  难道你不是他的姐姐?   설마 네가 그의 누나가 아니란 말이야?
- 哪儿······?   어디 ~말이야?
  他哪儿管这些事啊?   그가 어디 이 일들에 관여했단 말이야?

3 결과보어 住

▶ 住가 결과보어로 쓰이면 동작의 결과가 확고해지거나 정지 또는 고정되는 것을 의미하며, 不나 得와 함께 쓰여 가능보어가 되면, 능력의 충분 여부를 나타낸다.

- 我只说了一遍，他就记住我的电话号码了。
  난 딱 한 번 말했을 뿐인데, 그는 내 전화번호를 기억했다.
- 真想留住这美好的时间。
  정말 이 아름다운 시간을 남기고 싶다.
- 他拿不住杯子。
  그는 컵을 들지 못한다.

4 단음절 형용사의 중첩

▶ 형용사 중첩은 강조를 나타낸다. 단음절 형용사의 중첩은 관형어, 보어, 부사어로 사용되며, 문장 끝에 종종 的가 온다.

- 看着深深的大海，我的心很平和。(관형어)
  깊고 깊은 큰 바다를 바라보고 있으니, 내 마음이 아주 평화롭다.
- 他长得高高的。(보어)
  그는 아주 크다.
- 他早早地就起床了。(부사어)
  그는 일찌감치 일어났다.

Check up

Q 다음 반어문에 알맞은 단어를 넣어 빈칸을 채워 보세요.

① 你_____和我在一个补习班学习英语的同学_____？

② _____你没听说过我的情况吗？我是从中国留学回来的。

③ _____为了你和她的婚礼？这段时间我都没休息好。

④ _____有那么多时间听你说这些没有用的事，我还得去上班呢。

练习 Exercise

1 그림 보고 말하기 • 다음 그림을 보고 대화를 완성해 보세요.

1

A 这副手套是我自己做的。
B 做得真好，_____。
（像……一样）

2

A 他把鞋放在哪儿了？
B 不知道。_____？
（难道……）

3

A 雨伞在哪儿买的？
B _____。
（往……方向）

2 표현 연습 • 다음 표현을 사용하여 문장을 완성해 보세요.

来着

1 你在哪一家公司工作_____？

2 我回家要找_____？

3 你要我帮你买_____？

住

4 杯子摔碎了，因为他没_____杯子。

5 时间过得太快了，我想_____时间。

6 听到有人喊她，她_____了。

3 도전 스피킹 중국어 • 다음 상황에 맞게 중국어로 자유롭게 말해 보세요.

跟朋友说起其他人的事情。

A 你听说过隔壁公司的_____吗？

B 你说的是那个_____的人吗？

A 没错，就是他[她]。原来你也注意到了。

B 他[她]每天穿得_____。

A 听说_____。

B 原来是这样啊！

句子 PLUS+

6 도움

① 有什么需要我做的吗?
Yǒu shénme xūyào wǒ zuò de ma?
제가 도울 일이 있을까요?

② 你想要人帮忙吗?
Nǐ xiǎng yào rén bāngmáng ma?
다른 사람의 도움이 필요하세요?

③ 我能帮你干点儿什么呢?
Wǒ néng bāng nǐ gàn diǎnr shénme ne?
제가 도울 일이 뭐예요?

④ 要我帮一把吗?
Yào wǒ bāng yì bǎ ma?
도와드릴까요?

⑤ 如果要帮忙，就说一声。
Rúguǒ yào bāngmáng, jiù shuō yì shēng.
도움이 필요하면, 한마디만 하세요.

⑥ 让我来吧!
Ràng wǒ lái ba!
제가 할게요!

⑦ 我可以帮你吗?
Wǒ kěyǐ bāng nǐ ma?
제가 도와드려도 될까요?

把 bǎ 손으로 하는 동작을 세는 단위 | 声 shēng 소리를 내는 횟수

음식

我喜欢美食

chapter 07

Dialogue

이 과의 회화
1 중국 요리
  娜娜和智媛一起吃饭。
2 한국 요리
  娜娜和东建在聊天。

Grammar

이 과의 어법
1 那可不
2 가능보어 惯
3 결과보어 遍
4 现 + 동사$_1$ + 现 + 동사$_2$

Key Expressions

① 最大的愿望就是 ……。 가장 큰 소원은 ~이에요.

能说流利的汉语
néng shuō liúlì de Hànyǔ

当汉语老师
dāng Hànyǔ lǎoshī

去世界各地旅游
qù shìjiè gèdì lǚyóu

② …… 和 …… 有什么区别? ~와 ~은 어떤 차이가 있나요?

这本书 那本书
zhè běn shū nà běn shū

北京 首尔
Běijīng Shǒu'ěr

汉语 英语
Hànyǔ Yīngyǔ

区别와 差别 모두 '차이, 구별'이라는 명사이지만 그 쓰임새는 약간 달라요. 差别는 형식이나 내용의 차이를 나타내고, 区别는 성질의 차이를 나타내요. 区别만 동사로 쓰이는 것에 주의하세요.

③ …… 有很多像 …… 这样的 ……。 ~에는 ~와 같은 ~가 많아요.

学校   桌子、椅子   东西
xuéxiào   zhuōzi, yǐzi   dōngxi

我家   电脑、电视   电器
wǒ jiā   diànnǎo, diànshì   diànqì

爸爸   英语书、汉语书   书
bàba   Yīngyǔ shū, Hànyǔ shū shū

④ …… 好不好，关键是看 ……。 ~가 좋은지 안 좋은지의 관건은 ~을 보면 돼요.

一个人   他的性格怎么样
yí ge rén   tā de xìnggé zěnmeyàng

夫妻关系   他们幸福不幸福
fūqī guānxi   tāmen xìngfú bu xìngfú

学校   老师的能力高不高
xuéxiào   lǎoshī de nénglì gāo bu gāo

단어
电器 diànqì 가전제품

 **Words**

 track 07-2

- 油条 yóutiáo 유탸오(중국식 꽈배기)
- 解决 jiějué 해결하다
- 饮食 yǐnshí 음식(을 먹고 마시다)
- 合口味 hé kǒuwèi 입맛에 맞다
  ▶ 泡菜不合我的口味。
- 那可不 nà kěbù 누가 아니래
- 吃得惯 chīdeguàn 먹는 데 익숙하다
- 挑食 tiāoshí 편식하다
  ▶ 挑食是不好的饮食习惯。
- 美食 měishí 맛있는 음식
- 尝遍 chángbiàn 두루 맛보다
- 区别 qūbié 구별(하다)
  ▶ 中国文化和韩国文化有什么区别?
- 口味重 kǒuwèi zhòng 입맛이 강하다
- 油腻 yóunì (기름기가 많아) 느끼하다
- 清淡 qīngdàn 담백하다, 싱겁다
- 各有优点 gè yǒu yōudiǎn 각각의 장점이 있다
- 单一 dānyī 단일하다
- 泡菜 pàocài 김치
  ▶ 每次吃饭我都离不开泡菜。

- 黄萝卜 huángluóbo 단무지
- 腌制品 yānzhìpǐn 절임 식품
- 小菜 xiǎocài 간단한 반찬, 간단한 요리
- 关键 guānjiàn 관건
  ▶ 学好汉语的关键是多听多说。

Dialogue 1

#1 중국 요리

娜娜和智媛一起吃饭。

娜娜 Nàna	你早饭常常吃什么?
	Nǐ zǎofàn chángcháng chī shénme?

智媛 Zhìyuán　我的早饭很简单，一个包子或者一根油条就解决了。
　　　　　　　Wǒ de zǎofàn hěn jiǎndān, yí ge bāozi huòzhě yì gēn yóutiáo jiù jiějué le.

娜娜 Nàna　你的饮食习惯越来越像中国人了。
　　　　　Nǐ de yǐnshí xíguàn yuèláiyuè xiàng Zhōngguórén le.

　　　　　中国菜一定很合你的口味。
　　　　　Zhōngguócài yídìng hěn hé nǐ de kǒuwèi.

智媛 Zhìyuán　❶那可不。在中国呆了这么长时间，当然吃得❷惯了。
　　　　　　　Nà kěbù.　　Zài Zhōngguó dāile zhème cháng shíjiān, dāngrán chīdeguàn le.

娜娜 Nàna　你最喜欢哪个地方的中国菜?
　　　　　Nǐ zuì xǐhuan nǎ ge dìfang de Zhōngguócài?

智媛 Zhìyuán　中国菜"南甜北咸，东辣西酸"。我不挑食，都喜欢。
　　　　　　　Zhōngguócài "nán tián běi xián, dōng là xī suān". Wǒ bù tiāoshí, dōu xǐhuan.

娜娜 Nàna　看来你吃过不少中国菜，
　　　　　Kànlai nǐ chīguo bù shǎo Zhōngguócài,

　　　　　对每个地方菜的味道都这么了解。
　　　　　duì měi ge dìfang cài de wèidao dōu zhème liǎojiě.

智媛 Zhìyuán　我喜欢美食，最大的愿望就是尝❸遍中国各地的菜。
　　　　　　　Wǒ xǐhuan měishí, zuì dà de yuànwàng jiùshì chángbiàn Zhōngguó gèdì de cài.

Dialogue 2

#2 한국 요리

娜娜和东建在聊天。

娜娜 Nàna
中国菜和韩国菜有什么区别?
Zhōngguócài hé Hánguócài yǒu shénme qūbié?

东建 Dōngjiàn
中国菜口味重,有点儿油腻;
Zhōngguócài kǒuwèi zhòng, yǒudiǎnr yóunì;

韩国菜清淡,对身体有好处。
Hánguócài qīngdàn, duì shēntǐ yǒu hǎochu.

娜娜 Nàna
你认为中国菜好吃还是韩国菜好吃?
Nǐ rènwéi Zhōngguócài hǎochī háishi Hánguócài hǎochī?

东建 Dōngjiàn
各有优点。
Gè yǒu yōudiǎn.

中国菜种类丰富,每个地方的口味都不一样。
Zhōngguócài zhǒnglèi fēngfù, měi ge dìfang de kǒuwèi dōu bù yíyàng.

娜娜 Nàna
韩国菜呢?
Hánguócài ne?

东建 Dōngjiàn
韩国菜比较单一,
Hánguócài bǐjiào dānyī,

有很多像泡菜、黄萝卜这样的腌制品。
yǒu hěn duō xiàng pàocài、huángluóbo zhèyàng de yānzhìpǐn.

娜娜 Nàna
可不是。 我去韩国餐馆吃饭时,
Kěbúshì. Wǒ qù Hánguó cānguǎn chīfàn shí,

免费地吃了不少这样的小菜。
miǎnfèi de chīle bù shǎo zhèyàng de xiǎocài.

东建 Dōngjiàn
你知道吗?
Nǐ zhīdao ma?

一个韩国餐馆好不好,关键是看它的小菜好不好吃。
Yí ge Hánguó cānguǎn hǎo bu hǎo, guānjiàn shì kàn tā de xiǎocài hǎo bu hǎochī.

说一说 1

Speaking

회화를 읽고, 다음 질문에 대답해 보세요.

❶ A 智媛早饭常常吃什么?
　 B _____。

❷ A 中国菜的特点是什么?
　 B _____。

❸ A 中国菜和韩国菜有什么不同?
　 B _____。

❹ A 一个韩国餐馆好不好，关键看什么?
　 B _____。

说一说 2

다음 질문에 대답해 보세요.

❶ A 早饭你吃什么?
　 B _____。

❷ A 你喜欢吃什么?
　 B _____。

❸ A 你最大的愿望是什么?
　 B _____。

❹ A 你觉得一个餐馆好不好，关键看什么?
　 B _____。

 Text

 track 07-5

中国的菜种类很多，各个地方的味道也不同。很多中国人不喜欢吃放在冰箱里很长时间的食物，常常❹现做现吃。但是不太重视吃早饭，一个包子或者一根油条、一碗豆浆就解决了。

在韩国，每顿早饭都一定要吃米饭和菜。韩国的饮食很单一，喜欢吃泡菜之类的腌制品。在韩国最受欢迎的食物就是泡菜、烤肉和紫菜包饭。所以很多去过中国的韩国人最怀念的就是中国菜。

단어

现做现吃 xiàn zuò xiàn chī 즉석에서 만들어 먹다 | 重视 zhòngshì 중시하다 |
豆浆 dòujiāng 더우장(콩국) | 之类 zhīlèi ~의 종류 | 烤肉 kǎoròu 불고기 |
紫菜包饭 zǐcàibāofàn 김밥 | 怀念 huáiniàn 그리워하다

 Listening

 track 07-6

1 녹음 내용을 듣고, 알맞은 답을 골라 보세요.

　❶ 中国人不太重视吃什么?

　　A 早饭
　　B 米饭

　❷ 在韩国什么最受欢迎?

　　A 包子、油条和豆浆
　　B 泡菜、烤肉和紫菜包饭

2 녹음 내용을 듣고 빈칸을 채운 후, 문장의 옳고 그름을 판단해 보세요.

　❶ 中国菜_____。

　　A 对　　　　　　B 错

　❷ 很多去过中国的韩国人_____。

　　A 对　　　　　　B 错

 중국 엿보기

구러우(鼓楼) 후퉁

베이징에서 가장 서민적인 모습을 보고 싶다면, 구러우를 추천합니다. 하지만 후퉁에 대해 환상을 품고 있는 사람은 실망할지도 몰라요. 구러우는 서민의 주거지이기 때문이죠. 인력거를 타 보는 것도 색다른 재미를 느낄 수 있어요. 단체 관광객을 많이 안내한 베테랑 인력거꾼이 알아서 좋은 곳으로 안내하죠. 인력거를 타고 한 시간 남짓 돌아보면 색다른 매력을 느낄 수 있을 거예요.

Writing

1 다음 빈칸을 채워 보세요.

　　中国的菜种类很多，_____的味道也不同。很多中国人不喜欢吃_____很长时间的食物，常常_____。但是_____吃早饭，一个包子或者一根油条、一碗豆浆就解决了。

　　在韩国，每顿早饭都一定要吃米饭和菜。韩国的饮食很_____，喜欢吃_____。在韩国最_____的食物就是泡菜、烤肉和紫菜包饭。所以很多去过中国的韩国人最怀念的就是中国菜。

2 다음 문장을 중국어로 써 보세요.

❶ 중국의 요리는 종류가 아주 많고, 각 지방마다 맛도 다르다.

❷ 많은 중국인들이 냉장고에 오래 둔 음식물을 먹길 좋아하지 않아서, 항상 즉석에서 만들어 먹는다.

❸ 그러나 아침밥 먹는 것을 그리 중시하지 않아, 바오쯔(찐만두) 한 개 또는 유타오(중국식 꽈배기) 하나에 더우장(콩국) 한 그릇이면 해결된다.

❹ 한국에서는 아침 식사마다 반드시 쌀밥과 반찬을 먹어야 한다.

❺ 한국의 음식은 단순해서, 김치류의 절임 식품을 먹기 좋아한다.

❻ 한국에서 가장 인기 있는 식품은 김치, 불고기 그리고 김밥이다.

❼ 그래서 중국에 가 봤던 많은 한국인들이 가장 그리워하는 것은 바로 중국 요리이다.

1 那可不

▶ 상대방의 말에 수긍하는 의미로 '그러게 말이야, 누가 아니래'와 같은 어감을 나타낸다.

- A: 今天吃的菜真辣！ 오늘 먹은 요리는 정말 맵다!
  B: 那可不！四川菜都辣。 누가 아니래! 쓰촨 요리는 다 매워.
- A: 你的汉语说得真不错！ 너 중국어 정말 잘하는구나!
  B: 那可不！我在中国呆了五年。 그래! 난 중국에 5년 있었거든.

2 가능보어 惯

▶ 가능보어는 결과보어 또는 방향보어 사이에 得나 不를 넣어서 가능 여부를 나타내는 보어이다. 惯은 동작이 익숙해졌다는 의미로 여러 번 반복해서 적응했다는 뜻이다. 부정형은 '(습관이 안 되어) ~할 수 없다'는 의미로 쓰인다.

- 虽然我是韩国人，但是在中国住了十年，吃得惯中国菜。
  비록 나는 한국인이지만, 중국에서 10년 동안 살아서 중국 요리를 먹는 데 익숙하다.
- 奶奶喜欢住平房，住不惯楼房。
  할머니는 단층집에 살기를 좋아하셔서, 아파트에서 사는 데 익숙치 않다.
- 妈妈看不惯女儿穿这种衣服。
  엄마는 딸이 이런 옷을 입는 것이 눈에 거슬린다.

3 결과보어 遍

▶ '두루[모두] ~해 보다'는 의미로 看遍(두루 살펴보다), 走遍(두루 돌아다니다), 听遍(모두 들어 보다), 吃遍(두루 먹어 보다) 등으로 쓰인다.

- 我听遍了她所有的歌。(我听过她全部的歌。)
  난 그녀의 모든 노래를 다 들어 봤다.
- 她吃遍了学校附近餐馆的菜。(她吃了学校附近餐馆的所有的菜。)
  그녀는 학교 근처 식당의 요리를 두루 먹어 봤다.
- 我看遍了爸爸的书。(我看了爸爸所有的书。)
  나는 아빠의 책을 모두 봤다.

4. 现 + 동사₁ + 现 + 동사₂

▶ 첫 번째 동작을 하고 나서, 곧바로 두 번째 동작을 한다는 의미로 现学现卖(배워서 곧바로 써 먹는다), 现听现说(듣고 곧바로 말한다) 등으로 쓰인다.

- 他根本没理解话中的意思，就现学现卖。
  그는 말의 의미를 전혀 이해하지 못하면서 배우자마자 써 먹는다.
- 他一边听汉语，一边翻译成韩语，真是现听现说。
  그는 중국어를 들으면서 한국어로 통역하는데, 정말 듣자마자 곧바로 말한다.
- 我的妈妈做菜喜欢现做现吃。
  우리 엄마는 요리할 때 즉석에서 만들어 먹는 것을 좋아하신다.

Check up

Q 다음 빈칸을 채워 보세요.

① 你第一次来中国，吃得_____中国菜吗？

② 妈妈不喜欢把做好的菜放在冰箱，她喜欢_____做_____吃。

③ A: 你的孩子学习真好！
   B: _____! 他很喜欢看书。

④ 只要是刘德华的歌，我都喜欢听，几乎_____了他所有的歌。

Exercise
练习

1 그림 보고 말하기 • 다음 그림을 보고 대화를 완성해 보세요.

1
A 看看你点的菜，这道菜一点儿也不好吃。
B _____。
（太……了，油腻）

2
A 这些菜合你的口味吗？
B _____。
（做，美食）

3
A 那家衣服店的衣服种类多吗？
B _____。
（单一，便宜）

2 표현 연습 • 다음 표현을 사용하여 문장을 완성해 보세요.

那可不

1 A 看起来你和他的关系很好。
   B _____。

2 A 你的汉语说得很好。
   B _____。

……得[不]惯

3　A 你女朋友的衣服真漂亮。
　　B ＿＿＿＿＿＿＿＿＿＿＿＿＿＿＿＿＿。

4　A 你喜欢南方的生活吗？
　　B ＿＿＿＿＿＿＿＿＿＿＿＿＿＿＿＿＿。

……遍

5　A 假期你打算做什么？
　　B ＿＿＿＿＿＿＿＿＿＿＿＿＿＿＿＿＿。

6　A 中国菜的味道怎么样？
　　B ＿＿＿＿＿＿＿＿＿＿＿＿＿＿＿＿＿。

3 도전 스피킹 중국어 • 다음 상황에 맞게 중국어로 자유롭게 말해 보세요.

> 跟同学对话。问问他[她]每天中午吃什么，最喜欢什么菜等等。

A 你午饭常常吃什么？
B 我午饭常常＿＿＿＿＿＿＿＿＿＿＿＿＿＿＿。
A 你最喜欢什么菜？
B 我最喜欢＿＿＿＿＿＿＿＿＿。
A 看样子＿＿＿＿＿＿＿＿＿＿＿＿＿＿。
B 那可不，＿＿＿＿＿＿＿＿＿＿＿。

句子 PLUS+

7 곤란함

1 我确实不知道说什么。
Wǒ quèshí bù zhīdào shuō shénme.
난 정말 뭘 말해야 할지 모르겠어요.

2 我对这事没有什么特别的看法。
Wǒ duì zhè shì méiyǒu shénme tèbié de kànfǎ.
난 이 일에 대해 어떤 특별한 견해가 없어요.

3 恐怕我说不上来。
Kǒngpà wǒ shuō bu shànglai.
내가 말을 못 할지도 몰라요.

4 那很难说清楚。
Nà hěn nán shuō qīngchu.
그건 확실히 말하기 어려워요.

5 这要看情况了。
Zhè yào kàn qíngkuàng le.
이것은 상황을 봐야겠네요.

6 噢，这倒是个难题。
Ō, zhè dàoshi ge nántí.
어머, 이건 의외로 어려운 문제네요.

7 对不起，我无可奉告。
Duìbuqǐ, wǒ wú kě fèng gào.
미안해요, 난 할 말이 없어요.

倒是 dàoshi 오히려, 의외로 | 无可奉告 wú kě fèng gào 알릴 만한 것이 없다

음주 문화

你的压力大吗?

chapter 08

Dialogue

이 과의 회화
1. 한국의 음주 문화
   智媛和浩民在家。
2. 식사 대접
   浩民和智媛说好一起在家吃晚饭。

Grammar

이 과의 어법
1. 一 + 양사 + 比 + 一 + 양사
2. 还不是
3. 又
4. 不用

Key Expressions

1 还不是 ……! ~인 것은 아니에요!

> 我工作太忙，所以每天去饭馆吃饭
> wǒ gōngzuò tài máng, suǒyǐ měitiān qù fànguǎn chīfàn
>
> 周末下雨了，不能去玩儿
> zhōumò xiàyǔ le, bù néng qù wánr
>
> 我不了解这件事
> wǒ bù liǎojiě zhè jiàn shì

2 不光 ……，而且 ……。 ~뿐만 아니라, 게다가 ~해요.

> 我在大学学习
> wǒ zài dàxué xuéxí
>
> 我看了这本书
> wǒ kànle zhè běn shū
>
> 我能说汉语
> wǒ néng shuō Hànyǔ

> 爷爷也去大学学习
> yéye yě qù dàxué xuéxí
>
> 弟弟也看了这本书
> dìdi yě kànle zhè běn shū
>
> 他们也能说汉语
> tāmen yě néng shuō Hànyǔ

'不光……，而且……'는 '~할 뿐만 아니라, 게다가 ~하다'라는 뜻으로 어떤 동작이나 상태에 다른 동작이나 상태가 더해지는 것을 나타내요.

3 不用 ……。 ~할 필요 없어요.

> 等我回家
> děng wǒ huíjiā
>
> 说了
> shuō le
>
> 想了
> xiǎng le

4 其实 ……。 사실 ~이에요.

> 我喜欢吃比萨饼，不喜欢吃泡菜
> wǒ xǐhuan chī bǐsàbǐng, bù xǐhuan chī pàocài
>
> 妈妈去过那里
> māma qùguo nàli
>
> 我不喜欢看电视
> wǒ bù xǐhuan kàn diànshì

Words

- 泡酒吧 pào jiǔbā 술집에 처박혀 있다
- 压力 yālì 스트레스, 압력
  - 你工作压力大的时候怎么办？
- 消失 xiāoshī 잃다, 사라지다
- 管用 guǎnyòng 쓸모가 있다, 유용하다
- 忘掉 wàngdiào 잊어버리다
  - 忘掉不愉快的事情吧！
- 身边 shēnbiān 주위, 주변, 신변
- 烦恼 fánnǎo 고민(하다)
  - 每个人都有烦恼，你同意吗？
- 增进 zēngjìn 증진하다, 증진시키다
- 同事 tóngshì 동료
- 之间 zhījiān ~간, ~사이
- 友谊 yǒuyì 우의, 우정
- 烧酒 shāojiǔ 소주
- 酒精度 jiǔjīngdù 알코올 도수
- 口感 kǒugǎn (입에 느껴지는) 맛
- 酒量 jiǔliàng 주량
- 醉 zuì (술에) 취하다
  - 爸爸一定又喝醉了。

- 羡慕 xiànmù 부러워하다
  - 你羡慕什么样的人？
- 大鱼大肉 dàyú dàròu 고기, 생선 등이 있는 요리
- 客户 kèhù 고객, 손님
- 推销 tuīxiāo 세일즈하다
- 高档 gāodàng 고급의, 고급스러운
  - 这是一家高档的酒店，条件很不错。

Dialogue 1

#1 한국의 음주 문화

智媛和浩民在家。

浩民 Hàomín
为什么韩国人❶一个比一个喜欢泡酒吧?
Wèishénme Hánguórén yí ge bǐ yí ge xǐhuan pào jiǔbā?

智媛 Zhìyuán
❷还不是工作的压力太大了! 喝酒可以让压力消失。
Hái bú shì gōngzuò de yālì tài dà le! Hē jiǔ kěyǐ ràng yālì xiāoshī.

浩民 Hàomín
酒真的这么管用吗?
Jiǔ zhēnde zhème guǎnyòng ma?

智媛 Zhìyuán
喝酒不光能忘掉身边的烦恼,
Hē jiǔ bù guāng néng wàngdiào shēnbiān de fánnǎo,

而且也能增进同事之间的友谊。
érqiě yě néng zēngjìn tóngshì zhījiān de yǒuyì.

浩民 Hàomín
他们常常喝什么酒?
Tāmen chángcháng hē shénme jiǔ?

智媛 Zhìyuán
很多人喜欢喝烧酒,酒精度比较高,
Hěn duō rén xǐhuan hē shāojiǔ, jiǔjīngdù bǐjiào gāo,

喝起来口感也不错。
hēqǐlai kǒugǎn yě búcuò.

浩民 Hàomín
你在韩国工作的时候,喜欢去酒吧喝酒吗?
Nǐ zài Hánguó gōngzuò de shíhou, xǐhuan qù jiǔbā hē jiǔ ma?

智媛 Zhìyuán
你❸又不是不知道我的酒量,一喝就醉了。
Nǐ yòu bú shì bù zhīdào wǒ de jiǔliàng, yì hē jiù zuì le.

Dialogue 2

#2 식사 대접

浩民和智媛说好一起在家吃晚饭。

浩民 Hàomín
今晚❹不用等我吃饭了，
Jīnwǎn bú yòng děng wǒ chīfàn le,

我要跟几位医生去西餐厅吃饭。
wǒ yào gēn jǐ wèi yīshēng qù xīcāntīng chīfàn.

智媛 Zhìyuán
真羡慕你的生活，常常大鱼大肉。
Zhēn xiànmù nǐ de shēnghuó, chángcháng dàyú dàròu.

浩民 Hàomín
请客户吃饭也是我的工作，
Qǐng kèhù chīfàn yě shì wǒ de gōngzuò,

其实我也不想过这样的生活。
qíshí wǒ yě bù xiǎng guò zhèyàng de shēnghuó.

智媛 Zhìyuán
今天是为了什么请他们吃饭？
Jīntiān shì wèile shénme qǐng tāmen chīfàn?

浩民 Hàomín
还不是为了推销公司的药！
Hái bú shì wèile tuīxiāo gōngsī de yào!

智媛 Zhìyuán
为什么你每次请医生吃饭的时候，
Wèishénme nǐ měicì qǐng yīshēng chīfàn de shíhou,

都去高档的餐厅？
dōu qù gāodàng de cāntīng?

浩民 Hàomín
你知道为什么现在的药卖得越来越贵吗？
Nǐ zhīdao wèishénme xiànzài de yào mài de yuèláiyuè guì ma?

猜猜原因吧！
Cāicai yuányīn ba!

智媛 Zhìyuán
哈哈……我明白了。
Hāhā…… Wǒ míngbai le.

Speaking

회화를 읽고, 다음 질문에 대답해 보세요.

❶ A 为什么韩国人喜欢泡酒吧？
  B _____。

❷ A 智媛在韩国工作时常去酒吧喝酒吗？
  B _____。

❸ A 浩民今天晚上跟谁一起吃饭？
  B _____。

❹ A 浩民为什么要请医生吃饭？
  B _____。

说一说 2

다음 질문에 대답해 보세요.

❶ A 你有压力的时候，怎么让压力消失？
  B _____。

❷ A 你喜欢喝酒吗？喜欢喝什么酒？
  B _____。

❸ A 你喜欢工作还是喜欢学习？为什么？
  B _____。

❹ A 你觉得和同事之间的关系重要不重要？
  B _____。

 Text

下班以后喝酒是很多韩国人的生活习惯。可能是
Xiàbān yǐhòu hē jiǔ shì hěn duō Hánguórén de shēnghuó xíguàn. Kěnéng shì

因为工作压力太大的原因吧，许多人下班以后喜欢和同事们
yīnwèi gōngzuò yālì tài dà de yuányīn ba, xǔduō rén xiàbān yǐhòu xǐhuan hé tóngshìmen

一起去酒吧喝酒。在公司工作的职员，晚上常常要加班，
yìqǐ qù jiǔbā hē jiǔ. Zài gōngsī gōngzuò de zhíyuán, wǎnshang chángcháng yào jiābān,

好像工作以后和同事一起去喝酒也变成了加班的一部分。
hǎoxiàng gōngzuò yǐhòu hé tóngshì yìqǐ qù hē jiǔ yě biànchéngle jiābān de yíbùfen.

所以很多人的酒量都很大，不过酒喝多了，第二天头很
Suǒyǐ hěn duō rén de jiǔliàng dōu hěn dà, búguò jiǔ hēduō le, dì-èr tiān tóu hěn

疼。因此很多人选择星期五晚上去喝酒，第二天不用
téng. Yīncǐ hěn duō rén xuǎnzé xīngqīwǔ wǎnshang qù hē jiǔ, dì-èr tiān bú yòng

上班，可以休息一天。
shàngbān, kěyǐ xiūxi yì tiān.

단어

原因 yuányīn 원인 | **加班** jiābān 잔업하다, 초과 근무하다 | **好像** hǎoxiàng 마치 ~같다, 아마도 ~인 것 같다 | **一部分** yíbùfen 일부분 | **选择** xuǎnzé 선택(하다)

Listening

track 08-6

1 녹음 내용을 듣고, 알맞은 답을 골라 보세요.

❶ 很多韩国人的生活习惯是什么?

　A 加班
　B 下班以后去喝酒

❷ 很多人选择什么时候去喝酒?

　A 星期五晚上
　B 工作的时候

2 녹음 내용을 듣고 빈칸을 채운 후, 문장의 옳고 그름을 판단해 보세요.

❶ 很多人喜欢去_____的原因是_____了。

　A 对　　　　　　B 错

❷ 公司职员_____不想去_____。

　A 对　　　　　　B 错

스차하이(什刹海) 후통

스차하이는 생활지역인 구러우의 후통과 달리 상업 지구로 볼거리가 많아요. 오래된 건물을 개조해 만든 카페와 상점이 많고, 공왕부, 곽말약, 송경령 고택 등 유명 관광지가 있어 관광객들이 즐겨 찾죠. 스차하이 호숫가에는 무수한 노천카페와 술집이 있어 밤에 가도 좋아요. 야경을 바라보며 술 한 잔하는 것도 상당히 운치 있죠. 또 물 위에 배를 띄우고 스차하이를 유람하면서 술을 마실 수 있어 애주가들에게는 더할 나위 없는 장소랍니다.

Writing

1 다음 빈칸을 채워 보세요.

> 下班以后喝酒是很多韩国人的生活习惯。可能是因为_____的原因吧，许多人下班以后喜欢和同事们一起去_____。在公司工作的职员，晚上常常要_____，好像工作以后和同事一起去喝酒也_____了加班的_____。所以很多人的_____都很大，不过_____，第二天头很疼。因此很多人选择_____去喝酒，第二天不用上班，可以_____。

2 다음 문장을 중국어로 써 보세요.

❶ 퇴근 후에 술을 마시는 것은 한국인의 생활 습관이다.

❷ 아마도 업무 스트레스가 너무 큰 것이 이유일 텐데,

❸ 수많은 사람들이 퇴근 후 동료들과 함께 술집에 가서 술 마시기를 좋아한다.

❹ 회사에서 일하는 직원들은 저녁에 자주 초과 근무를 해서,

❺ 마치 업무 이후에 동료와 함께 술을 마시는 것도 초과 근무의 일부분이 된 것 같다.

❻ 그래서 많은 사람들이 주량은 아주 세지만, 술을 많이 마시고 나면, 다음 날 머리가 아프다.

❼ 이 때문에 많은 사람들이 금요일 저녁을 선택해서 술을 마시러 가는데,

❽ 다음 날 출근할 필요가 없어, 하루를 쉴 수 있기 때문이다.

1 一 + 양사 + 比 + 一 + 양사

▶ 어느 정도의 상승이나 비율의 증가를 나타내는 구문이다. 양사가 일반 사물과 관련된 양사(个, 件, 种)면, '모두'의 의미이고, 시간과 관련된 양사(次, 天, 年)면 '갈수록'의 의미이다.

- 学生的汉语一个比一个说得好。 학생들이 모두 중국어를 잘한다.
- 中国的发展一年比一年快。 중국의 발전이 해마다 빨라지고 있다.
- 现在的胖子一天比一天多。 현재 뚱보들이 나날이 늘어나고 있다.

2 还不是

▶ 还不是는 반어문으로 '~가 아니겠느냐, 바로 ~가 원인이다'라는 뜻이다.

- A: 听说你的女朋友昨天生气了。 듣자 하니 네 여자 친구가 어제 화났다며.
  B: 还不是我忘记了她的生日。 내가 그녀의 생일을 잊어버려서 그래.
- A: 你爱人怎么不在家，去哪儿了？ 당신 부인은 왜 집에 없죠, 어디 갔어요?
  B: 还不是和朋友去逛街买衣服了。 친구랑 옷을 사러 쇼핑 가서 그래요.

3 又

▶ 부정문에서 어기를 강조한다.

- 为什么你要减肥？你又不胖! 왜 다이어트 하려고? 넌 뚱뚱하지도 않은데!
- 这些作业又不多。 이 숙제들은 많은 것도 아니다.
- 他生气了，对我来说又不算什么。 그는 화가 났지만, 나한테는 뭐 그리 대단한 것도 아니다.

▶ 이미 일어난 동작의 반복을 나타낸다.

- 又来车了。 또 차가 왔다.
- 又上课了。 또 수업이 시작했다.
- 又迟到了。 또 지각했다.

▶ '又……又……' 형식은 동시적 상황임을 나타내며, '~하면서 ~하다, ~하기도 하고 ~하기도 하다'라는 의미이다.

- 他**又**唱歌**又**跳舞。   그는 노래를 부르며 춤을 춘다.
- 妈妈**又**漂亮**又**善良。   엄마는 아름답고 선량하다.
- 她的头发**又**黑**又**长。   그녀의 머리카락은 검고 길다.

4 不用

▶ '~할 필요가 없다, ~하지 마라'는 뜻으로 동의어로는 不要, 不必 등이 있다.

- 我的事**不用**(=不要, 不必)你管。
  내 일에 넌 참견하지 마.
- 你**不用**(=不要, 不必)为了这些小事生气。
  넌 이런 사소한 일로 화낼 필요 없어.
- 我有女朋友了, 你**不用**(=不要, 不必)再帮我介绍了。
  나 여자 친구 생겼어, 넌 더 이상 나에게 소개시켜 줄 필요 없어.
- 我**用不用**(=要不要)告诉她这件事?
  내가 그녀에게 이 일을 알려줘야 할 필요가 있나요, 없나요?

Check up

Q 다음 문장을 바르게 고쳐 보세요.

❶ 这个国家的经济一个比一个好。
　_____。

❷ 你不是又老板, 干吗管那么多事?
　_____?

❸ 我用不用告诉妈妈这件事吗?
　_____?

❹ A: 他不在家吗?
　B: 不是还又去踢足球了!
　_____!

1 그림 보고 말하기 · 다음 그림을 보고 대화를 완성해 보세요.

1

A 昨晚你去哪儿了？
B _____。
（泡，酒吧）

2

A 这个孩子挑食吗？
B _____。
（只，大鱼大肉）

3

A 他刚喝了一瓶酒就醉了。
B _____。
（酒量，小）

2 표현 연습 · 다음 표현을 사용하여 문장을 완성해 보세요.

一……比一……

1 A 这家出版社的书怎么样？
   B _____。

2 A 最近的工作忙不忙？
   B _____。

还不是

3　A　你为什么每天不吃早饭？
　　B　_____。

4　A　你怎么又迟到了？
　　B　_____。

又

5　A　对不起，我没有做完工作。
　　B　_____？

6　A　你男朋友今天不太高兴。
　　B　他生气了，_____。

3 도전 스피킹 중국어 · 다음 상황에 맞게 중국어로 자유롭게 말해 보세요.

跟同学对话，说说今天晚上请女朋友吃饭的事情。

A　今晚我要请女朋友去吃饭。
B　真羡慕你_____。
A　今天我打算_____。
B　为什么你每次_____？
A　还不是_____。
B　看来请女朋友吃饭也是件大事！

句子 PLUS+

8 거절

① 太抱歉了，我可能没时间去。
Tài bàoqiàn le, wǒ kěnéng méi shíjiān qù.
너무 죄송해요, 아마도 시간이 없어서 못 갈 거 같아요.

② 非常感谢，可是我实在太忙了。
Fēicháng gǎnxiè, kěshì wǒ shízài tài máng le.
진짜 고마워요, 하지만 전 정말 너무 바빠요.

③ 哎呀，真不巧，我明天要加班。
Āiyā, zhēn bù qiǎo, wǒ míngtiān yào jiābān.
어머나, 정말 공교롭게도, 전 내일 야근해야 해요.

④ 这次可能有点儿困难，下次怎么样？
Zhècì kěnéng yǒudiǎnr kùnnan, xiàcì zěnmeyàng?
이번에는 아무래도 좀 어려울 거 같네요, 다음 번에 어때요?

⑤ 我看我还是不来了吧！
Wǒ kàn wǒ háishi bù lái le ba!
내가 보기에는 아무래도 안 오는 것이 낫겠어요!

⑥ 好是好，不过我恐怕没有空儿。
Hǎo shi hǎo, búguò wǒ kǒngpà méiyǒu kòngr.
좋긴한데, 하지만 아마 시간이 없을 거예요.

⑦ 下一次吧，今天我太累了。
Xià yí cì ba, jīntiān wǒ tài lèi le.
다음 번에 하죠, 오늘은 제가 너무 피곤해요.

实在 shízài 참으로, 정말 | 困难 kùnnan 곤란(하다) | 恐怕 kǒngpà 아마 ~일 것이다

문화 차이

你对中国的印象怎么样?

chapter 09

Dialogue

이 과의 **회화**

1. 애정 표현
   娜娜和智媛在聊天。

2. 성형수술
   娜娜和东建聊天。

Grammar

이 과의 **어법**

1. 要说
2. 光
3. 可不是吗
4. 顶多

Key Expressions

1 你对 ······ 的印象怎么样？ 당신은 ~에 대한 인상이 어때요?

首尔
Shǒu'ěr

这位老师
zhè wèi lǎoshī

她
tā

对는 '~에 대해' 라는 뜻으로 동작, 행위와 관련된 사람과 사물 등 대상을 이끌어낼 때 쓰이는 전치사예요.

2 他们当着 ······ 的面 ······。 그들은 ~ 앞에서 ~했어요.

孩子
háizi

老板
lǎobǎn

老师
lǎoshī

吵架
chǎojià

说同事的坏话
shuō tóngshì de huàihuà

睡觉
shuìjiào

3 最近光 ······，没 ······。 요즘 ~만 하고 ~하지 않아요.

工作
gōngzuò

学习汉语
xuéxí Hànyǔ

和朋友约会
hé péngyou yuēhuì

休息
xiūxi

看其它的书
kàn qítā de shū

看书
kàn shū

4 不过 ······，顶多算 ······。 하지만 ~해요, 기껏해야 ~한 셈이에요.

他们没打架
tāmen méi dǎjià

学校没放暑假
xuéxiào méi fàng shǔjià

老师没生气
lǎoshī méi shēngqì

吵架
chǎojià

休息几天
xiūxi jǐ tiān

不高兴
bù gāoxìng

 단어

坏话 huàihuà 험담, 욕 | 暑假 shǔjià 여름 방학

生词 Words

- 特别 tèbié 특히, 굉장히
- 保守 bǎoshǒu 보수적이다
- 行为 xíngwéi 행위
- 大吃一惊 dà chī yì jīng 크게 놀라다
- 开放 kāifàng 개방적이다
    - 她的想法很开放。
- 当面 dāngmiàn 직접 맞대다
- 接吻 jiēwěn 키스하다, 입 맞추다
- 公共场所 gōnggòng chǎngsuǒ 공공장소
- 搂搂抱抱 lǒulou bàobao 포옹하다
- 大骂一顿 dà mà yí dùn 크게 한 번 혼을 내다
    - 他没有写完作业，被老师大骂了一顿。

- 光 guāng 단지 ~만 하다
- 惦记 diànjì 염려하다
- 整容 zhěngróng (얼굴을) 성형하다
    - 现在去整容的人越来越多。
- 手术 shǒushù 수술
- 永远 yǒngyuǎn 영원하다
- 满足 mǎnzú 만족하다, 만족시키다
    - 我很满足于现在的生活。
- 拥有 yōngyǒu 소유하다, 보유하다
- 总 zǒng 항상, 늘
- 顶多 dǐngduō 기껏해야, 고작

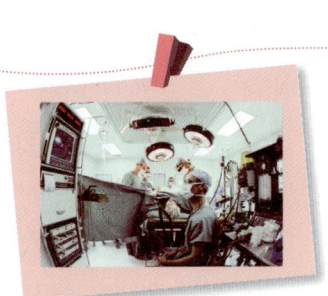

Dialogue 1

#1 애정 표현

娜娜和智媛在聊天。

娜娜 Nàna
你没来中国的时候，对中国的印象怎么样？
Nǐ méi lái Zhōngguó de shíhou, duì Zhōngguó de yìnxiàng zěnmeyàng?

智媛 Zhìyuán
我觉得中国是个特别保守的国家。
Wǒ juéde Zhōngguó shì ge tèbié bǎoshǒu de guójiā.

娜娜 Nàna
到了中国以后呢？
Dàole Zhōngguó yǐhòu ne?

智媛 Zhìyuán
我第一次来中国的时候，
Wǒ dì-yī cì lái Zhōngguó de shíhou,

看到许多年轻人的行为大吃一惊。
kàndào xǔduō niánqīngrén de xíngwéi dà chī yì jīng.

娜娜 Nàna
为什么？
Wèishénme?

智媛 Zhìyuán
太开放了，
Tài kāifàng le,

我经常看到他们在街上当着很多人的面接吻。
wǒ jīngcháng kàndào tāmen zài jiēshang dāngzhe hěn duō rén de miàn jiēwěn.

娜娜 Nàna
我认为❶要说开放，还是韩国。
Wǒ rènwéi yào shuō kāifàng, háishi Hánguó.

智媛 Zhìyuán
如果韩国的恋人在公共场所搂搂抱抱，
Rúguǒ Hánguó de liànrén zài gōnggòng chǎngsuǒ lǒulou bàobao,

会被老人大骂一顿的。
huì bèi lǎorén dà mà yí dùn de.

Dialogue 2

#2 성형수술

娜娜和东建聊天。

娜娜 Nàna
最近❷光看到浩民，没看见智媛，
Zuìjìn guāng kàndào Hàomín, méi kànjiàn Zhìyuán,

也不知道她在忙什么？
yě bù zhīdào tā zài máng shénme?

东建 Dōngjiàn
别惦记她了，我听说她前几天回国了。
Bié diànjì tā le, wǒ tīngshuō tā qián jǐ tiān huíguó le.

娜娜 Nàna
她回去有什么事吗？
Tā huíqu yǒu shénme shì ma?

东建 Dōngjiàn
倒没什么事，好像是回去做整容手术去了。
Dào méi shénme shì, hǎoxiàng shì huíqu zuò zhěngróng shǒushù qù le.

娜娜 Nàna
她看起来够漂亮的了，还需要整容吗？
Tā kànqǐlai gòu piàoliang de le, hái xūyào zhěngróng ma?

东建 Dōngjiàn
人嘛，永远不满足于自己拥有的东西。
Rén ma, yǒngyuǎn bù mǎnzú yú zìjǐ yōngyǒu de dōngxi.

娜娜 Nàna
❸可不是吗！我也总觉得自己不太漂亮。
Kěbushì ma! Wǒ yě zǒng juéde zìjǐ bú tài piàoliang.

东建 Dōngjiàn
不过你真的不能算是漂亮的女人，
Búguò nǐ zhēnde bù néng suànshì piàoliang de nǚrén,

❹顶多算长得可爱吧！
dǐngduō suàn zhǎng de kě'ài ba!

문화 차이 你对中国的印象怎么样？ | 129

Speaking

회화를 읽고, 다음 질문에 대답해 보세요.

❶ A 智媛没来中国的时候，对中国的印象是什么？
   B _____。

❷ A 韩国年轻人在公共场所接吻的话，会发生什么事？
   B _____。

❸ A 娜娜觉得自己漂亮吗？
   B _____。

❹ A 东建觉得娜娜长得怎么样？
   B _____。

다음 질문에 대답해 보세요.

❶ A 没去中国的时候，你对中国的印象是什么？
   B _____。

❷ A 在中国你遇到最吃惊的事情是什么？
   B _____。

❸ A 为什么很多人都去做整容手术？
   B _____。

❹ A 你满足于自己的生活吗？为什么？
   B _____。

 Text

track 09-5

第一次去中国的外国人常常很吃惊：原来中国的年轻人那么开放。在大街上或者地铁里常常看到搂搂抱抱的恋人。在很多外国人的印象中，中国人很保守，也很害羞。但是去了中国以后，很多外国人都改变了这个想法。

现在的中国跟过去相比，发生了很大的变化。就拿午睡来说吧，过去的中国人每天中午一定要午睡。如果以前你要去中国家庭的话，千万不要中午去。不过现在根本不是这样了。随着工作越来越忙，很多人都没有时间午睡。只有那些老爷爷老奶奶才有午睡的习惯。

단어 害羞 hàixiū 부끄러워하다 | 改变 gǎibiàn 변하다, 달라지다 | 跟……相比 gēn……xiāngbǐ ~과 비교하다 | 拿……来说 ná……láishuō ~을 예로 들면 | 午睡 wǔshuì 낮잠 | 千万 qiānwàn 절대 | 随着 suízhe ~에 따라

 Listening

 track 09-6

1 녹음 내용을 듣고, 알맞은 답을 골라 보세요.

❶ 第一次去中国的外国人对什么很吃惊？

　A 看到搂搂抱抱的恋人
　B 午睡的人

❷ 中国跟过去相比，发生了什么变化？

　A 很多中国人很保守
　B 很多中国人不午睡

2 녹음 내용을 듣고 빈칸을 채운 후, 문장의 옳고 그름을 판단해 보세요.

❶ 在很多外国人的_____，中国人很_____。

　A 对　　　　　　　B 错

❷ 中国的_____喜欢_____。

　A 对　　　　　　　B 错

슈수이제(秀水街)

슈수이제는 우리나라의 동대문시장처럼 가방과 옷, 보석, 신발 등 없는 게 없어요. 또한 정교한 짝퉁 제품이 가득해서 귀국 선물을 사러 관광객들이 많이 찾죠. 모든 짝퉁의 역사는 이곳에서 시작되었다고 해도 과언이 아닌데요. 보통은 옆 동네 신광텐디에서 트렌드를 살핀 후 슈수이제에서 쇼핑을 해요. 신광텐디에서 온갖 명품 브랜드를 만나볼 수 있지만, 관세가 비싸서 우리나라에 비해 저렴하지 않기 때문이랍니다.

Writing

1 다음 빈칸을 채워 보세요.

> 第一次去中国的外国人常常很吃惊：原来中国的年轻人 ＿＿＿＿＿＿＿＿＿＿。在大街上或者地铁里常常看到＿＿＿＿＿＿＿＿的恋人。在很多外国人的印象中，中国人很＿＿＿＿＿，也很＿＿＿＿。但是去了中国以后，很多外国人都＿＿＿＿＿＿＿＿＿＿。现在的中国＿＿＿＿＿＿＿＿，发生了很大的变化。就＿＿＿＿＿吧，过去的中国人每天中午一定要午睡。如果以前你要去中国家庭的话，＿＿＿＿＿＿＿中午去。不过现在根本不是这样了。随着工作＿＿＿＿＿＿＿，很多人都没有时间午睡。只有那些老爷爷老奶奶才有午睡的习惯。

2 다음 문장을 중국어로 써 보세요.

❶ 중국에 처음 간 외국인은 종종 놀란다. '원래 중국 젊은이들이 이렇게 개방적인가' 하고.

❷ 대로나 지하철 안에서 껴안고 있는 연인을 자주 볼 수 있다.

❸ 많은 외국인들의 인상 속에서 중국인은 매우 보수적이고, 수줍음도 많다. 그러나 중국에 간 이후 많은 외국인들의 이런 생각은 모두 바뀐다.

❹ 오늘날의 중국과 과거의 중국을 비교해 보면, 많은 변화가 생겼다.

❺ 바로 낮잠을 예로 들어 보면, 과거의 중국인들은 매일 점심에 꼭 낮잠을 잤다.

❻ 만약 예전에 중국 가정집에 가려고 한다면, 점심에는 절대 가면 안 되었다. 그러나 지금은 전혀 그렇지 않다.

❼ 일이 갈수록 바빠짐에 따라, 많은 사람들은 낮잠을 잘 시간이 없다. 그저 할아버지나 할머니들만 낮잠을 자는 습관이 있을 뿐이다.

1 要说

▶ 要는 '만약'이라는 가정을 나타내며, 要说는 '~에 대해 말해 보자면'이라는 의미이다.

- 要说买衣服，现在我喜欢买世界名牌。
  옷 사는 것에 대해 말해 보자면, 현재 나는 세계 유명 브랜드 사는 것을 좋아한다.
- 要说做饭，还是妈妈做的最好吃。
  밥하는 걸로 치면, 아무래도 엄마가 만든 것이 제일 맛있다.
- 要说性格，当然是我的姐姐性格最好。
  성격으로 말하자면, 당연히 우리 언니(누나) 성격이 제일 좋다.

2 光

▶ 光은 부사로 只, 仅仅과 같이 '단지 ~만 하다'라는 의미로 쓰인다. 부정형인 不光은 不只, 不仅, 不但처럼 而且, 还, 也와 호응하여 '~뿐만 아니라, 게다가 ~하다'라는 뜻으로 쓰인다.

- 他见了我光笑不说话。
  그는 나를 보고 나서 웃기만 할 뿐 말을 하지 않는다.
- 你光生气没有用，要和他当面说清楚。
  네가 화만 내서는 소용 없으니, 그와 만나서 분명하게 말해야 한다.
- 学好汉语不光是在补习班学习，应该多和中国人说话。
  중국어를 잘 배우려면 학원에서 공부하는 것뿐만 아니라, 중국인과 이야기를 많이 해야 한다.

3 可不是吗

▶ 可不是吗는 긍정적인 대답을 할 때 쓰이며, '누가 아니래, 그러게'의 뜻으로, 可不是, 可不와 의미가 같다.

- A: 这家饭馆的菜真好吃！ 이 식당의 요리는 정말 맛있어!
  B: 可不是吗！ 그러게 말이야!
- A: 我们该一起去爬山了。 우리 함께 등산 한번 가야 하는데.
  B: 可不，很久没有去爬山了。 그러게, 오랫동안 등산을 못 갔어.

4 顶多

▶ 顶多의 원래 뜻은 '가장 많다'이지만, '기껏해야, 고작'의 뜻으로도 많이 쓰인다.

- 周末下雨的话，我顶多在家休息，不出去玩儿。
  주말에 비가 온다면, 난 기껏해야 집에서 쉬면서 놀러 나가지 않을 거야.
- 没钱的时候，顶多在家吃方便面。
  돈이 없을 때는, 기껏해야 집에서 라면을 먹는다.
- 遇到这种事，他顶多只会生气。
  이런 일을 당하면, 그는 기껏해야 화를 낼 뿐이다.

Check up

Q 다음 문장을 바르게 고쳐 보세요.

① 如果个子，还是我的哥哥最高。
　_____。

② 我们吃了很多，才他就吃了五碗饭。
　_____。

③ 如果他生气的话，最少不跟我说话。
　_____。

④ A: 你认识他吗?
　B: 不是吗? 我们是中学同学。
　_____。

练习 Exercise

1 그림 보고 말하기 • 다음 그림을 보고 대화를 완성해 보세요.

1

A 你看看那对年轻人！
B _____。
（一点儿也，开放）

2

A 她看起来跟以前有点儿不一样。
B _____。
（听说，整容手术）

3

A 听说她结婚了，生活过得怎么样？
B _____。
（满足，自己）

2 표현 연습 • 다음 표현을 사용하여 문장을 완성해 보세요.

要说

1 A 你最喜欢看什么电影？
  B _____。

2 A 你认为去哪里旅游最好？
  B _____。

光

顶多

3　A 饿死了，你怎么没做饭？
　　B _____。

4　A 昨天看汉语书了吗？
　　B _____。

5　A 明天下雨的话，你做什么？
　　B _____。

6　A 你把钱花完了怎么办？
　　B _____。

3 도전 스피킹 중국어 • 다음 상황에 맞게 중국어로 자유롭게 말해 보세요.

跟同学对话。谈谈最喜欢去的一个地方。

A 你有没有去过_____？
B 去之前我觉得_____。
A 去了以后呢？
B 我觉得_____。
A 为什么？
B _____。

句子 PLUS+

9 놀람

1 我简直不敢相信!
Wǒ jiǎnzhí bùgǎn xiāngxìn!
나는 정말로 감히 믿을 수 없어요!

2 你在开玩笑吧!
Nǐ zài kāi wánxiào ba!
당신은 농담하고 있는 거죠!

3 不会这样吧! 我可不信。
Bú huì zhèyàng ba! Wǒ kě bú xìn.
이럴 수 없죠! 난 믿지 않아요.

4 这真不可思议!
Zhè zhēn bù kě sī yì!
이건 정말 불가사의해요!

5 我的天! 这不可能!
Wǒ de tiān! Zhè bù kěnéng!
세상에! 그럴 리 없어요!

6 这怎么可能? 你会相信吗?
Zhè zěnme kěnéng? Nǐ huì xiāngxìn ma?
어떻게 그럴 수 있죠? 당신은 믿을 수 있어요?

不敢 bùgǎn 감히 ~하지 못하다 | **开玩笑** kāi wánxiào 농담하다 | **不可思议** bù kě sī yì 불가사의하다, 상상할 수 없다

유학
我又不是花花公子!

chapter 10

이 과의 회화

1 유학①
  东建给弟弟打电话。

2 유학②
  东建又给弟弟打电话。

Dialogue

이 과의 어법

1 才
2 再说
3 这么
4 像……一样

Grammar

Key Expressions

track 10-1

1 我可要看看 ……。 나는 꼭 ~를 좀 봐야겠어요.

他的汉语说得好不好
tā de Hànyǔ shuō de hǎo bu hǎo

你是怎么爱我的
nǐ shì zěnme ài wǒ de

他是不是真的发财了
tā shì bu shì zhēnde fācái le

2 好几 …… …… 여러 ~의 ~

杯 bēi	咖啡 kāfēi
本 běn	书 shū
个 ge	月 yuè

好几는 '여러, 몇'이라는 뜻으로 양사 또는 시간사 앞에 쓰여 수량이 많거나 시간이 오래 됐음을 나타내요.

3 …… 这么 ……, 又这么 ……, ……。 ~는 이렇게 ~하고, 또 이렇게 ~해서, ~해요.

孩子 háizi	不听话 bù tīnghuà	调皮 tiáopí	妈妈真头疼 māma zhēn tóuténg
我 wǒ	善良 shànliáng	老实 lǎoshi	很多人都喜欢我 hěn duō rén dōu xǐhuan wǒ
她 tā	聪明 cōngming	努力 nǔlì	所以汉语说得越来越好 suǒyǐ Hànyǔ shuō de yuèláiyuè hǎo

4 真羡慕 ……。 정말 ~가 부러워요.

每天都很快乐的人
měitiān dōu hěn kuàilè de rén

说汉语说得很流利的人
shuō Hànyǔ shuō de hěn liúlì de rén

没有烦恼的生活
méiyǒu fánnǎo de shēnghuó

调皮 tiáopí 장난치다, 말을 잘 듣지 않다 | 老实 lǎoshi 성실하다, 점잖다

Words

 track 10-2

- 准备 zhǔnbèi 준비하다
- 交换 jiāohuàn 교환하다
- 申请 shēnqǐng 신청하다
- 所 suǒ 학교, 병원 등을 세는 단위
  - 清华大学是一所好大学。
- 一流 yīliú 일류
- 录取 lùqǔ 뽑다, 합격시키다
- 分数 fēnshù 점수
- 再说 zàishuō 게다가, 덧붙여 말하면
  - 我不想做饭, 再说也不饿啊!
- 动力 dònglì 동력, 원동력
- 表现 biǎoxiàn 표현(하다)
- 这么 zhème 이렇게
- 失败 shībài 실패(하다)
  - 失败是成功之母。
- 砸 zá 망치다
- 休学 xiūxué 휴학하다
  - 弟弟打算明年休学一年。

- 留学 liúxué 유학하다
- 感兴趣 gǎn xìngqù 흥미를 느끼다
  - 我对打棒球很感兴趣。
- 打交道 dǎ jiāodao 교제하다, 사귀다
- 脚踏两只船 jiǎo tà liǎng zhī chuán 양다리 걸치다
- 花花公子 huāhuā gōngzǐ 바람둥이, 플레이보이

Dialogue 1

#1 유학①

东建给弟弟打电话。(东建的弟弟尚民在准备交换学生考试。)

东建 你准备申请哪所大学?
Dōngjiàn　Nǐ zhǔnbèi shēnqǐng nǎ suǒ dàxué?

尚民 复旦大学。听说它在中国是一所一流大学。
Shàngmín　Fùdàn Dàxué.　Tīngshuō tā zài Zhōngguó shì yì suǒ yīliú dàxué.

东建 你可要想清楚了,名牌大学的录取分数非常高。
Dōngjiàn　Nǐ kě yào xiǎng qīngchu le, míngpái dàxué de lùqǔ fēnshù fēicháng gāo.

尚民 你要相信我的能力❶才对,❷再说有压力才有动力。
Shàngmín　Nǐ yào xiāngxìn wǒ de nénglì cái duì, zàishuō yǒu yālì cái yǒu dònglì.

东建 那你表现给我看看。
Dōngjiàn　Nà nǐ biǎoxiàn gěi wǒ kànkan.

尚民 难道你不知道吗?我每天都要去好几个补习班学习。
Shàngmín　Nándào nǐ bù zhīdào ma? Wǒ měitiān dōu yào qù hǎo jǐ ge bǔxíbān xuéxí.

东建 你也不要给自己太大的压力了,
Dōngjiàn　Nǐ yě búyào gěi zìjǐ tài dà de yālì le,

该休息的时候也要休息。
gāi xiūxi de shíhou yě yào xiūxi.

尚民 我❸这么聪明,又这么努力,一定不会失败的。
Shàngmín　Wǒ zhème cōngming, yòu zhème nǔlì, yídìng bú huì shībài de.

交换学生考试 jiāohuàn xuésheng kǎoshì 교환학생 시험 | 复旦大学 Fùdàn Dàxué 푸단대학교(상하이 소재)

Dialogue 2

#2 유학 ②

东建又给弟弟打电话。(尚民考试失败了。)

东建 Dōngjiàn: 这次你考砸了，有什么打算?
Zhècì nǐ kǎozá le, yǒu shénme dǎsuan?

尚民 Shàngmín: 下学期我想休学去中国留学。
Xià xuéqī wǒ xiǎng xiūxué qù Zhōngguó liúxué.

东建 Dōngjiàn: 为什么你这么想去中国学习?
Wèishénme nǐ zhème xiǎng qù Zhōngguó xuéxí?

尚民 Shàngmín: 我希望以后❹像你一样在中国工作。
Wǒ xīwàng yǐhòu xiàng nǐ yíyàng zài Zhōngguó gōngzuò.

东建 Dōngjiàn: 我对中国的文化很感兴趣，
Wǒ duì Zhōngguó de wénhuà hěn gǎn xìngqù,

也喜欢跟中国人打交道。
yě xǐhuan gēn Zhōngguórén dǎ jiāodao.

尚民 Shàngmín: 真羡慕你！还找了个中国女朋友。
Zhēn xiànmù nǐ! Hái zhǎole ge Zhōngguó nǚpéngyou.

东建 Dōngjiàn: 你不是也有女朋友吗?
Nǐ bú shì yě yǒu nǚpéngyou ma?

可不能脚踏两只船。
Kě bù néng jiǎo tà liǎng zhī chuán.

尚民 Shàngmín: 才不会呢！我可不是花花公子！
Cái bú huì ne! Wǒ kě bú shì huāhuā gōngzǐ!

Speaking

说一说 1

회화를 읽고, 다음 질문에 대답해 보세요.

❶ A 尚民准备申请哪所大学?
　B _____。

❷ A 尚民是怎么准备他的考试的?
　B _____。

❸ A 尚民下学期打算做什么?
　B _____。

❹ A 为什么尚民想去中国学习?
　B _____。

说一说 2

다음 질문에 대답해 보세요.

❶ A 首尔的一流大学有哪些?
　B _____。

❷ A 你最想去哪个国家学习?
　B _____。

❸ A 你希望过什么样的生活?
　B _____。

❹ A 你有羡慕的人吗? 你最羡慕什么样的人?
　B _____。

 Text

尚民没去中国时，很担心去中国以后的生活。比如
Shàngmín méi qù Zhōngguó shí, hěn dānxīn qù Zhōngguó yǐhòu de shēnghuó. Bǐrú

吃不惯中国菜怎么办，听不懂汉语怎么办……但是到了
chībuguàn Zhōngguócài zěnme bàn, tīngbudǒng Hànyǔ zěnme bàn……Dànshì dàole

中国以后，他发现自己白担心那么多了。他没想到这么
Zhōngguó yǐhòu, tā fāxiàn zìjǐ bái dānxīn nàme duō le. Tā méi xiǎngdào zhème

快就适应了在中国的生活。虽然这几年中国的物价上涨
kuài jiù shìyìng le zài Zhōngguó de shēnghuó. Suīrán zhè jǐ nián Zhōngguó de wùjià shàngzhǎng

了很多，但是比在韩国便宜些。
le hěn duō, dànshì bǐ zài Hánguó piányi xiē.

尚民还听说中国的洗手间没有门，让人感到尴尬。
Shàngmín hái tīngshuō Zhōngguó de xǐshǒujiān méiyǒu mén, ràng rén gǎndào gāngà.

去了才知道，那是以前的事儿了。现在中国的洗手间大部分
Qùle cái zhīdao, nà shì yǐqián de shìr le. Xiànzài Zhōngguó de xǐshǒujiān dàbùfen

都跟韩国的一样。
dōu gēn Hánguó de yíyàng.

适应 shìyìng 적응(하다)

Listening

1 녹음 내용을 듣고, 알맞은 답을 골라 보세요.

❶ 没去中国时尚民担心什么?

　　A 吃不惯中国菜、听不懂汉语
　　B 中国的物价比韩国的物价高

❷ 尚民听说让人觉得尴尬的是什么?

　　A 在中国买东西比韩国便宜
　　B 中国的洗手间没有门

2 녹음 내용을 듣고 빈칸을 채운 후, 문장의 옳고 그름을 판단해 보세요.

❶ 这几年中国的_____比_____的_____。

　　A 对　　　　　　B 错

❷ 尚民听说_____中国的_____没有门。

　　A 对　　　　　　B 错

싼리툰(三里屯)

싼리툰은 외국인들의 음주 문화의 중심지로 유명한 곳이에요. 주변에는 세계 각국의 대사관이 밀집해 있어서 늘 외국인으로 붐벼요. 마치 서울의 이태원처럼요. 싼리툰에는 라이브 카페와 작은 바들이 많은데요, 현지인이 라이브로 불러주는 노래를 들으며 술을 마시는 재미가 쏠쏠하죠. 또한 근처 공인체육장(工人体育场)에는 베이징의 분위기 좋은 클럽이 모여 있어 젊음의 열기를 만끽할 수 있답니다.

Writing

1 다음 빈칸을 채워 보세요.

尚民没去中国时，很担心去中国以后的生活。比如_____中国菜怎么办，_____汉语怎么办……但是到了中国以后，他发现自己_____。他没想到_____在中国的生活。虽然这几年中国的物价_____，但是比在韩国_____。
尚民还听说中国的洗手间_____，让人_____。去了才知道，那是_____了。现在中国的洗手间大部分都跟韩国的一样。

2 다음 문장을 중국어로 써 보세요.

❶ 상민은 중국에 가지 않았을 때, 중국에 간 이후의 생활을 매우 걱정했다.

❷ 예를 들면 '중국 요리가 입에 맞지 않으면 어떡할까?', '중국어를 못 알아들으면 어떡할까?' 등등.

❸ 그러나 중국에 도착하고 나서 그는 자신이 괜히 그렇게 많이 걱정했다는 것을 발견했다.

❹ 그는 이렇게 빨리 중국 생활에 적응할지 생각지도 못했다.

❺ 비록 요즘 중국의 물가가 많이 올랐지만 한국보다는 좀 싸다.

❻ 상민은 중국의 화장실에 문이 없어서 사람들을 곤혹스럽게 한다고 들었다. 가서야 그건 이전에 일임을 알았다.

❼ 지금 중국의 화장실은 대부분 한국과 같다.

1 才

▶ 확정의 느낌을 강조하는 어기조사이다.

- 才不是呢。 그건 아니지.
- 相信你说的话才怪。 네 말을 믿는 게 이상하지.

▶ 수량이 적거나 정도가 심하지 않음을 나타내며, 只와 비슷하다.

- 他工作的时候才18岁。 그가 일을 할 때는 겨우 열여덟 살이었다.
- 这双鞋才花了100块。 이 신발은 겨우 100위안 들었다.
- 孩子才5岁，就会写汉字了。 아이가 이제 다섯 살인데 한자를 쓸 줄 안다.

▶ 일의 발생이나 완료가 늦어지거나 순조롭지 않음을 나타낸다.

- 我花了一个小时才洗完澡。 나는 한 시간을 들여서야 샤워를 끝마쳤다.
- 他看了三遍才看懂这篇课文。 그는 세 번을 보고 나서야 이 본문을 이해했다.
- 你写了三个小时才写完作业。 너는 세 시간 동안 쓰고 나서야 간신히 숙제를 다 했다.

2 再说

▶ '게다가, 덧붙여 말하자면' 등의 의미로 앞에 이미 하나의 원인이나 설명이 나오고 뒤에서 부차적인 이유나 설명을 말할 때 쓰인다.

- 我不跟你们一起去旅游了，我刚去过那个地方，再说最近我也没钱了。
  난 너희들과 여행 가지 않을래. 난 얼마 전에 거기에 가 봤고, 덧붙여 말하면 요즘 돈도 없어.
- 我是你妈妈，遇到什么困难一定要告诉我，再说也只有我能帮助你。
  난 네 엄마야, 무슨 어려움을 만나면 반드시 나에게 알려야 해, 덧붙여 말하면 나만이 너를 도울 수 있어.
- 你别生气了，生气也没有用，再说他也知道错了。
  화내지 마, 화내도 소용없어, 게다가 그도 잘못된 걸 알잖아.

▶ 나중에 다시 이야기하거나 생각해 보자는 유보의 의미를 가지고 있다.

- 今天太晚了，明天再说。 오늘은 너무 늦었으니, 내일 다시 얘기합시다.
- 这件事下次再说。 이 일은 다음에 다시 생각해 보죠.

3 这么

▶ 这么는 정도, 방식, 성질 등이 상당한 수준에 이르렀음을 나타낸다.

- 你的房子这么大。　　　　　네 방은 이렇게나 크구나.
- 这本书这么厚。　　　　　　이 책은 이렇게 두껍다.
- 我没想到她会这么生气。　　난 그녀가 이렇게 화낼 줄은 생각지도 못했다.

4 像……一样

▶ '~와 같이, ~처럼, ~만큼'이라는 뜻으로 비교의 표현이며, 뒤에는 형용사가 쓰인다.

- 你儿子像你一样帅。　　　　당신 아들은 당신만큼 멋있네요.
- 他像哥哥一样聪明。　　　　그는 형처럼 총명하다.
- 我像姐姐一样漂亮。　　　　나는 언니같이 예쁘다.

Check up

Q 다음 빈칸을 채워 보세요.

① 你的个子_____高。

② 我的性格_____妈妈的_____。

③ 我的年龄很小，_____工作也很忙，所以打算晚点结婚。

④ 今天中午十二点他_____起床。

1 그림 보고 말하기 • 다음 그림을 보고 대화를 완성해 보세요.

1

A 他最想做什么事情?
B _____。
（希望，旅游）

2

A 上清华大学容易吗?
B _____。
（不容易，录取分数）

3

A 明年她打算做什么?
B _____。
（中国，留学）

2 표현 연습 • 다음 표현을 사용하여 문장을 완성해 보세요.

才

1 A 从这儿到你家，坐地铁快还是坐公共汽车快?
B _____。

2 A 你和那个女人认识多长时间了?
B _____。

再说

3 A 你为什么没吃早饭?
   B _____。

4 A 昨天为什么没做作业?
   B _____。

像……一样

5 A 这家饭馆的紫菜包饭真好吃。
   B _____。

6 A 你儿子真聪明!
   B _____。

3 도전 스피킹 중국어 · 다음 상황에 맞게 중국어로 자유롭게 말해 보세요.

同学打算换工作, 问问情况。

A 你准备_____?
B 我_____。
A 你要想清楚了, _____。
B 你要相信我才对。
A 我可要看看你_____。
B 我这么_____, _____, 一定可以。

句子 PLUS+

10 실망

1 真令人失望!
Zhēn lìng rén shīwàng!
정말 실망스러요!

2 没有了？ 唉，可惜!
Méiyǒu le? Ài, kěxī!
없어요? 아, 아쉬워라!

3 说实话，我不太满意这里的环境。
Shuō shíhuà, wǒ bú tài mǎnyì zhèlǐ de huánjìng.
솔직히 말하면, 난 이곳 환경이 만족스럽지 않아요.

4 你怎么总是这样!
Nǐ zěnme zǒngshì zhèyàng!
당신은 왜 항상 이래요!

5 那天的晚会有点儿令人失望!
Nà tiān de wǎnhuì yǒudiǎnr lìng rén shīwàng!
그날 파티는 좀 실망스러웠어요!

6 可惜没有我原来想的那么好!
Kěxī méiyǒu wǒ yuánlái xiǎng de nàme hǎo!
제가 원래 생각했던 것만큼 그렇게 좋지는 않아서 아쉽네요!

7 哦，我的天! 你怎么那么忙!
Ò, wǒ de tiān! Nǐ zěnme nàme máng!
어머, 세상에! 당신은 왜 그렇게 바빠요!

令 lìng (~로 하여금) ~하게 하다 | 失望 shīwàng 실망하다 | 可惜 kěxī 아쉽다

사랑 2
相见不如怀念!

chapter 11

이 과의 **회화**

1 그리움
  娜娜在浩民家。

2 첫사랑
  智媛刚从韩国回来，就遇见了娜娜。

Dialogue

이 과의 **어법**

1 什么呀
2 难免
3 一肚子
4 谁知

Grammar

Key Expressions

1 ······ 什么呀。 뭐가 ~해요.

漂亮
piàoliang

高兴
gāoxìng

忙
máng

2 看来······。 보아하니 ~해요.

你在中国呆了很长时间了
nǐ zài Zhōngguó dāile hěn cháng shíjiān le

奶奶也不想去旅游
nǎinai yě bù xiǎng qù lǚyóu

明天非常热
míngtiān fēicháng rè

3 弄得······。 ~하게 했어요.

姐姐不高兴
jiějie bù gāoxìng

我很尴尬
wǒ hěn gāngà

他不知道说什么
tā bù zhīdào shuō shénme

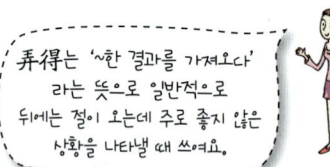

弄得는 '~한 결과를 가져오다'
라는 뜻으로 일반적으로
뒤에는 절이 오는데 주로 좋지 않은
상황을 나타낼 때 쓰여요.

4 谁知······。 누가 ~을 알겠어요.

这个月很忙
zhè ge yuè hěn máng

她的汉语说得很好
tā de Hànyǔ shuō de hěn hǎo

妹妹的生活根本不快乐
mèimei de shēnghuó gēnběn bú kuàilè

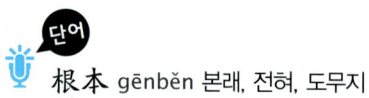

根本 gēnběn 본래, 전혀, 도무지

Words

track 11-2

- 碍眼 àiyǎn 눈에 거슬리다
  - 你觉得什么样的人最碍眼?
- 气话 qìhuà 홧김에 한 말
- 难免 nánmiǎn 피할 수 없다, 불가피하다
- 矛盾 máodùn 모순, 갈등
  - 我们都不希望和朋友有矛盾。
- 唠唠叨叨 láolao dāodao 잔소리하다
- 孤单 gūdān 고독하다, 외롭다
- 寂寞 jìmò 적적하다, 쓸쓸하다
- 想起 xiǎngqǐ 생각이 떠오르다, 생각나다
- 优点 yōudiǎn 장점
  - 她的优点就是说话不唠叨。

- 想念 xiǎngniàn 그리워하다
- 甜蜜 tiánmì 달콤하다, 행복하다
- 初恋 chūliàn 첫사랑
- 弄得 nòngde ~하게 하다
- 一肚子 yídùzi 뱃속 가득하다, 대단하다
- 谁知 shéizhī 누가 알았겠는가
- 鬼话 guǐhuà 거짓말, 허튼소리
- 得不到 débudào 얻을 수 없다
- 毕竟 bìjìng 필경, 반드시, 결국
- 谈恋爱 tán liàn'ài 연애하다
  - 女人谈恋爱的时候最漂亮。
- 感觉 gǎnjué 느끼다, 느낌

Dialogue 1

#1 그리움

娜娜在浩民家。

娜娜 老婆不在家，你的生活过得很舒服吧！
Nàna　　Lǎopo bú zài jiā, nǐ de shēnghuó guò de hěn shūfu ba!

浩民 舒服❶什么呀。没人给我洗衣做饭，也没人打扫房间。
Hàomín　Shūfu shénme ya.　Méi rén gěi wǒ xǐ yī zuò fàn, yě méi rén dǎsǎo fángjiān.

娜娜 前几天你不是说过一看到爱人就觉得碍眼吗？
Nàna　　Qián jǐ tiān nǐ bú shì shuōguo yí kàndào àiren jiù juéde àiyǎn ma?

浩民 那是气话。天天生活在一起，❷难免会遇到矛盾。
Hàomín　Nà shì qìhuà.　Tiāntiān shēnghuó zài yìqǐ, nánmiǎn huì yùdào máodùn.

娜娜 看来你是想她了吧！
Nàna　　Kànlai nǐ shì xiǎng tā le ba!

浩民 她在家的时候，总觉得她唠唠叨叨的。
Hàomín　Tā zài jiā de shíhou, zǒng juéde tā láolao dāodao de.

不在家时，却……
Bú zài jiā shí, què……

娜娜 你觉得孤单、寂寞吧！
Nàna　　Nǐ juéde gūdān、jìmò ba!

现在是不是常常想起她的优点？
Xiànzài shì bu shì chángcháng xiǎngqǐ tā de yōudiǎn?

浩民 是啊。每次想念她的时候都很甜蜜。
Hàomín　Shì a.　Měicì xiǎngniàn tā de shíhou dōu hěn tiánmì.

Dialogue 2

#2 첫사랑

智媛刚从韩国回来，就遇见了娜娜。

智媛 你怎么看上去不太高兴？
Zhìyuán　Nǐ zěnme kànshàngqu bú tài gāoxìng?

娜娜 前几天我遇见了我的初恋，弄得我❸一肚子的郁闷。
Nàna　Qián jǐ tiān wǒ yùjiànle wǒ de chūliàn, nòngde wǒ yídùzi de yùmèn.

智媛 为什么？他结婚了吗？
Zhìyuán　Wèishénme? Tā jiéhūn le ma?

娜娜 他结婚了。
Nàna　Tā jiéhūn le.

❹谁知他却告诉我，现在他最爱的人还是我。
Shéizhī tā què gàosu wǒ, xiànzài tā zuì ài de rén háishi wǒ.

智媛 别信他的鬼话，男人总觉得得不到的就是最好的。
Zhìyuán　Bié xìn tā de guǐhuà, nánrén zǒng juéde débudào de jiùshì zuì hǎo de.

娜娜 我也这么想，但是我们毕竟谈了三年的恋爱。
Nàna　Wǒ yě zhème xiǎng, dànshì wǒmen bìjìng tánle sān nián de liàn'ài.

智媛 相见不如想念。
Zhìyuán　Xiāngjiàn bùrú xiǎngniàn.

你们永远也不能回到从前了。
Nǐmen yǒngyuǎn yě bù néng huídào cóngqián le.

娜娜 其实见面以后，我对他没有以前谈恋爱时的感觉了。
Nàna　Qíshí jiànmiàn yǐhòu, wǒ duì tā méiyǒu yǐqián tán liàn'ài shí de gǎnjué le.

说一说 1

Speaking

회화를 읽고, 다음 질문에 대답해 보세요.

❶ A 浩民一个人在家的生活过得怎么样?
   B _____。

❷ A 浩民觉得爱人在家的时候怎么样?
   B _____。

❸ A 娜娜为什么不高兴?
   B _____。

❹ A 现在娜娜还爱着她的初恋男友吗?
   B _____。

说一说 2

다음 질문에 대답해 보세요.

❶ A 对你来说，妈妈在家和不在家一样吗?
   B _____。

❷ A 什么时候你会觉得很孤单?
   B _____。

❸ A 你有什么优点?
   B _____。

❹ A 可以说说你的初恋吗?
   B _____。

 Text

前几天，娜娜遇见了以前的恋人。他已经结婚了，但是
Qián jǐ tiān, Nàna yùjiànle yǐqián de liànrén. Tā yǐjing jiéhūn le, dànshì

却告诉娜娜："你仍然是我心中最爱的女人。"尽管以前
què gàosu Nàna: "Nǐ réngrán shì wǒ xīnzhōng zuì ài de nǚrén." Jǐnguǎn yǐqián

娜娜很爱他，但是这次见面以后对他找不到以前谈恋爱的
Nàna hěn ài tā, dànshì zhècì jiànmiàn yǐhòu duì tā zhǎobudào yǐqián tán liàn'ài de

感觉了。朋友对娜娜说，男人和女人不一样。男人结婚
gǎnjué le. Péngyou duì Nàna shuō, nánrén hé nǚrén bù yíyàng. Nánrén jiéhūn

以后，会认为以前的女朋友是最好的。女人却不容易留恋
yǐhòu, huì rènwéi yǐqián de nǚpéngyou shì zuì hǎo de. Nǚrén què bù róngyì liúliàn

以前的男朋友。因为女人觉得，现在留在自己身边的人，才
yǐqián de nánpéngyou. Yīnwèi nǚrén juéde, xiànzài liú zài zìjǐ shēnbiān de rén, cái

是最重要的人。你同意吗?
shì zuì zhòngyào de rén. Nǐ tóngyì ma?

 恋人 liànrén 연인 | 仍然 réngrán 여전히 | 尽管……但是…… jǐnguǎn……dànshì……
비록 ~하지만 ~하다 | 留恋 liúliàn 떠나기 서운하다, 그리워하다

Listening

1 녹음 내용을 듣고, 알맞은 답을 골라 보세요.

❶ 前几天娜娜遇见了谁？

  A 以前的男朋友
  B 智媛

❷ 男人结婚以后，认为谁是最好的？

  A 以前的女朋友
  B 现在的爱人

2 녹음 내용을 듣고 빈칸을 채운 후, 문장의 옳고 그름을 판단해 보세요.

❶ 娜娜以前的男朋友_____。

  A 对
  B 错

❷ 现在娜娜很_____。

  A 对
  B 错

구이제(鬼街)

이곳의 대부분 숍들은 24시간 영업을 해서 새벽까지도 사람들로 가득 차기 때문에 구이제(귀신 거리)로 불려요. 밤이 되면 1.5km 정도의 거리에 온통 홍등이 켜져 있어 마치 축제가 열린 것 같죠. 구이제에서는 중국의 다양한 전통 음식을 밤새도록 맛볼 수 있답니다. 단, 문 없는 화장실이 많으니 너무 당황해하지는 마세요.

Writing

1 다음 빈칸을 채워 보세요.

> 前几天，娜娜＿＿＿了以前的恋人。他已经结婚了，但是却告诉娜娜："你仍然是我＿＿＿＿＿＿。"＿＿＿以前娜娜很爱他，＿＿＿这次见面以后对他找不到以前＿＿＿＿＿了。朋友对娜娜说，男人和女人不一样。男人结婚以后，会认为以前的女朋友是＿＿＿。女人却＿＿＿留恋以前的男朋友。因为女人觉得，现在自己身边的人，才是＿＿＿＿＿。你同意吗？

2 다음 문장을 중국어로 써 보세요.

❶ 며칠 전 나나는 예전의 연인을 만났다.

❷ 그는 이미 결혼했지만, 오히려 나나에게 '넌 여전히 내 마음속 가장 사랑하는 여자야'라고 했다.

❸ 비록 전에는 나나가 그를 사랑했지만, 이번에 만난 후에는 이전에 연애할 때의 느낌을 그에게서 찾을 수 없었다.

❹ 친구는 나나에게 남자와 여자는 다르다고 말했다.

❺ 남자는 결혼한 후에도 예전의 여자 친구가 가장 좋다고 여길 수 있지만,

❻ 여자는 오히려 예전의 남자 친구를 그리워하기 쉽지 않다는 것이다.

❼ 여자는 현재 자신의 주변에 있는 사람을 가장 중요한 사람이라고 여기기 때문이다.

❽ 당신은 동의하는가?

1 什么呀

▶ 什么呀는 상대방의 말을 부정하는 말로 '뭐가 ~하다는 거야'라는 뜻이다.

- A: 你的工作真轻松，看起来一点儿都不累。
  일이 정말 널널하구나. 보아하니 조금도 힘들지 않겠어.
  B: 轻松什么呀。我都要累死了。
  뭐가 널널하다는 거야. 난 피곤해 죽겠어.

- A: 这种咖啡太甜了，我不喜欢喝。
  이런 커피는 너무 달아서 난 싫어요.
  B: 甜什么呀。我觉得非常苦。
  뭐가 달다는 거야. 난 아주 쓰다고 느끼는데.

2 难免

▶ 难免은 어떤 상황으로 인해 원치 않는 결과가 발생할 때 쓰이며, '~하는 것은 피할 수 없다[어쩔 수 없다]'라는 뜻이다.

- 你这么说，难免会有误会。 네가 이렇게 말하면, 오해가 생기는 걸 피할 수 없다.
- 他很小，难免会做错事。 그는 어려서, 일을 그르치는 건 어쩔 수 없다.
- 北京太大了，难免会迷路。 베이징은 너무 커서, 길을 잃는 것은 어쩔 수 없다.

3 一肚子

▶ 一肚子는 '뱃속 가득하다, 대단하다'라는 뜻으로 뒤에 항상 不高兴, 气, 话 등과 호응한다.

- 东西没买成，还生了一肚子的气。
  물건을 사지 못한데다 대단히 화를 냈다.
- 他们见面以后，有一肚子的话要说。
  그들은 만난 후에, 해야 할 말이 굉장히 많았다.
- 你怎么今天一肚子的不高兴？
  넌 어째서 오늘 온통 기분이 좋지 않니?

4 谁知

▶ 谁知는 '누가 알았겠는가, 의외로'라는 뜻이며, 没想到(생각지도 못했다)의 반문형이다.

- 我把早饭放在桌子上，**谁知**被他吃光了。
  난 아침밥을 식탁 위에 두었는데, 그가 다 먹어 치우리라고 누가 알았겠어?
- 我以为汉语很难，**谁知**这么容易啊!
  난 중국어가 어려울 거라고 여겼는데, 이렇게 쉬울 줄 누가 알았겠어!
- **谁知**弟弟没告诉我，就拿走我钱包里的钱。
  동생이 나한테 말도 안 하고 내 지갑 안의 돈을 가져가리라고 누가 생각이나 했겠어.

Check up

Q 다음 빈칸을 채워 보세요.

① A: 他的女朋友真漂亮!
   B: 漂亮_____! 我觉得一点儿都不漂亮。

② 你很久没有见妈妈了，见了她一定有_____话要说。

③ 我没带雨伞，_____下雨了。我怎么回家啊?

④ 谁都_____有错的时候，不要总是批评他。

练习 Exercise

1 그림 보고 말하기 • 다음 그림을 보고 대화를 완성해 보세요.

1

A 他怎么没出去玩儿？
B _____。
（打算，谁知）

2

A 为什么今天是很重要的日子？
B _____。
（初恋，认识）

3

A 她最难过的事情是什么？
B _____。
（男朋友，鬼话）

2 표현 연습 • 다음 표현을 사용하여 문장을 완성해 보세요.

什么呀

1　A 从补习班到你家做公共汽车只要15分钟，真快啊！
　　B _____。

2　A 他的女朋友长得真漂亮。
　　B _____。

一肚子

3 A 你为什么说得这么快?
  B _____。

4 A 你说说，发生了什么事?
  B _____。

谁知

5 A 今天早上你为什么迟到了?
  B _____。

6 A 这个孩子为什么很生气?
  B _____。

3 도전 스피킹 중국어 · 다음 상황에 맞게 중국어로 자유롭게 말해 보세요.

朋友这几天遇到了不高兴的事，你安慰他[她]。

A 你怎么了，看起来不太高兴?
B 前几天我_____。
A 发生了什么事?
B 我_____，谁知_____。
A 别难过了。_____。
B 其实_____。

句子 PLUS⁺

11 경고

1 别管闲事!
Bié guǎn xiánshì!
남의 일에 신경 쓰지 마세요!

2 我不会跟你说第二遍!
Wǒ bú huì gēn nǐ shuō dì-èr biàn!
나는 당신에게 두 번 얘기하지 않을 거예요!

3 如果你不去，你会后悔的。
Rúguǒ nǐ bú qù, nǐ huì hòuhuǐ de.
만약 당신이 가지 않는다면, 후회할 거예요.

4 你必须把这些书都看一遍!
Nǐ bìxū bǎ zhè xiē shū dōu kàn yí biàn!
당신은 반드시 이 책들을 한 번씩 봐야 해요!

5 你应该马上就走!
Nǐ yīnggāi mǎshàng jiù zǒu!
당신은 반드시 지금 가야 해요!

6 你最好认真复习，否则你会后悔的!
Nǐ zuìhǎo rènzhēn fùxí, fǒuzé nǐ huì hòuhuǐ de!
가장 바람직한 것은 열심히 복습하는 거예요, 그렇지 않으면 후회할 거예요!

7 注意! 走时一定把门锁上!
Zhùyì! Zǒu shí yídìng bǎ mén suǒshàng!
주의하세요! 나갈 때 꼭 문을 잠가야 해요!

管 guǎn 간섭하다 | 闲事 xiánshì 남의 일, 자기와 상관없는 일 | 后悔 hòuhuǐ 후회(하다) | 锁 suǒ 자물쇠를 채우다

여가생활
游乐园

chapter 12

Dialogue

이 과의 회화
1. 놀이공원①
   浩民和智媛打算去游乐园。
2. 놀이공원②
   浩民和智媛在欢乐谷。

Grammar

이 과의 어법
1. 可 + 동사 + 的
2. 不管……都……
3. 기간 + 没 + 동사 + 了
4. 동사의 중첩

Key Expressions

track 12-1

1 …… 哪敢 …… 啊! ~가 감히 ~하겠어요!

我 wǒ	不听你的话 bù tīng nǐ de huà
我 wǒ	接他的电话 jiē tā de diànhuà
她 tā	和那样的男人交往 hé nàyàng de nánrén jiāowǎng

'一会儿……, 一会儿……'은 유사한 의미나 상대적인 내용을 번갈아 써서, 비교적 짧은 시간에 교차로 발생하거나 변화한다는 것을 나타내요.

2 …… 一会儿 ……, 一会儿 …… ~, ~했다가, ~했다가 해요.

你怎么了? nǐ zěnme le?	哭 kū	笑, 吃错药了? xiào, chīcuò yào le?
今天天气真奇怪, jīntiān tiānqì zhēn qíguài,	冷 lěng	热。 rè.
你的声音 nǐ de shēngyīn	高 gāo	低, 听起来真不舒服。 dī, tīngqǐlai zhēn bù shūfu.

3 …… 想 …… 就 ……。 ~가 ~한대로 ~하세요.

你 nǐ	去 qù	去吧 qù ba
你 nǐ	吃什么 chī shénme	吃什么吧 chī shénme ba
我 wǒ	什么时候来 shénme shíhou lái	什么时候来 shénme shíhou lái

4 …… 再也不 ……。 ~는 다시는 ~하지 않을 거예요.

我 wǒ	去那家餐馆吃饭了 qù nà jiā cānguǎn chīfàn le
妈妈 māma	生气了 shēngqì le
他 tā	去你家了 qù nǐ jiā le

Words

 track 12-2

- 游乐园 yóulèyuán 유원지
- 门票 ménpiào 입장권
  - 现在很多公园都不卖门票了。
- 过山车 guòshānchē 청룡열차, 롤러코스터
- 敢 gǎn 감히 ~하다
- 受不了 shòubuliǎo 견딜 수 없다
  - 真受不了北京的冬天，太冷了。
- 胆子 dǎnzi 담, 용기
- 海盗船 hǎidàochuán 바이킹
- 吐 tù 토하다, 뱉다
- 改变 gǎibiàn 변하다, 변화
  - 这件事改变了她的人生。
- 吓 xià 놀라다, 놀라게 하다
- 闭眼睛 bì yǎnjing 눈을 감다
- 晕 yūn 어지럽다
  - 头晕的时候，连觉都睡不着。
- 强 qiáng 강하다
  - 香菜的味道有点儿强。
- 补偿 bǔcháng 보상(하다)

Dialogue 1

#1 놀이공원①

浩民和智媛打算去游乐园。

浩民 Hàomín
明天去欢乐谷玩儿吧，我听说这个月晚上去的话，
Míngtiān qù Huānlègǔ wánr ba, wǒ tīngshuō zhè ge yuè wǎnshang qù dehuà,
门票打折。
ménpiào dǎzhé.

智媛 Zhìyuán
是吗？ 我想去是想去，不过去了以后没什么❶可玩儿的。
Shìma? Wǒ xiǎng qù shi xiǎng qù, búguò qùle yǐhòu méi shénme kě wánr de.

浩民 Hàomín
你不喜欢坐过山车吗？ 多有意思啊！
Nǐ bù xǐhuan zuò guòshānchē ma? Duō yǒu yìsi a!

智媛 Zhìyuán
我哪敢坐过山车啊？ 一会儿上，一会儿下，我可受不了。
Wǒ nǎ gǎn zuò guòshānchē a? Yíhuìr shàng, yíhuìr xià, wǒ kě shòubuliǎo.

浩民 Hàomín
你的胆子也太小了。 那海盗船呢？
Nǐ de dǎnzi yě tài xiǎo le. Nà hǎidàochuán ne?
你对海盗船也不感兴趣？
Nǐ duì hǎidàochuán yě bù gǎn xìngqù?

智媛 Zhìyuán
我一坐海盗船就想吐，❷不管是坐在前面还是
Wǒ yí zuò hǎidàochuán jiù xiǎng tù, bùguǎn shì zuò zài qiánmian háishi
坐在后面，我都不喜欢。
zuò zài hòumian, wǒ dōu bù xǐhuan.

浩民 Hàomín
唉，看来我得改变我的计划了。
Ài, kànlai wǒ děi gǎibiàn wǒ de jìhuà le.

智媛 Zhìyuán
真那么想去？ 想去就去吧。
Zhēn nàme xiǎng qù? Xiǎng qù jiù qù ba.

欢乐谷 Huānlègǔ 환러구(중국의 놀이공원)

Dialogue 2

#2 놀이공원 ②
浩民和智媛在欢乐谷。

浩民 Hàomín
❸好久都没有这么高兴了。
Hǎojiǔ dōu méiyǒu zhème gāoxìng le.

智媛 Zhìyuán
真把我吓坏了。
Zhēn bǎ wǒ xiàhuài le.

我现在一闭上眼睛就头晕。
Wǒ xiànzài yí bìshàng yǎnjing jiù tóu yūn.

浩民 Hàomín
感觉这么强吗?
Gǎnjué zhème qiáng ma?

智媛 Zhìyuán
不管强不强，我以后都再也不想去游乐园了。
Bùguǎn qiáng bu qiáng, wǒ yǐhòu dōu zài yě bù xiǎng qù yóulèyuán le.

浩民 Hàomín
要不这样吧，我❹补偿补偿你。
Yàobù zhèyàng ba, wǒ bǔcháng bǔcháng nǐ.

智媛 Zhìyuán
你打算怎么补偿我?
Nǐ dǎsuan zěnme bǔcháng wǒ?

浩民 Hàomín
我请你吃饭吧。
Wǒ qǐng nǐ chīfàn ba.

智媛 Zhìyuán
好啊。不过你可别光说不请啊!
Hǎo a. Búguò nǐ kě bié guāng shuō bù qǐng ā!

说一说 1

Speaking

회화를 읽고, 다음 질문에 대답해 보세요.

❶ A 浩民和智媛去哪儿玩了?
　　B _____。

❷ A 智媛为什么不想去?
　　B _____。

❸ A 他们在欢乐谷玩得怎么样?
　　B _____。

❹ A 浩民为什么要补偿智媛?
　　B _____。

说一说 2

다음 질문에 대답해 보세요.

❶ A 你去过游乐园吗?
　　B _____。

❷ A 在游乐园，你最喜欢玩什么?
　　B _____。

❸ A 你经常请朋友吃饭吗?
　　B _____。

❹ A 你和朋友吃饭的时候一般怎么付钱?
　　B _____。

 Text

听说，欢乐谷是北京很有名的游乐园，里面可玩儿的、可看的非常多。周末智媛和浩民去了欢乐谷。事实上，智媛不太想去，因为她既不喜欢坐过山车，也不喜欢坐海盗船。但是如果这个月晚上去的话，门票打折。浩民非常想去，没办法，智媛只好同意了。可是从欢乐谷回来以后，智媛做了一个决定——以后再也不去游乐园了。浩民为了补偿智媛，打算请她吃饭。可是浩民经常这样说，也许到时候，还得智媛自己付钱。

事实上 shìshíshang 사실상 | **既……也……** jì……yě…… ~할 뿐만 아니라 ~하다 |
同意 tóngyì 동의(하다) | **决定** juédìng 결정(하다) | **也许** yěxǔ 아마도 ~일지 모른다

Listening

track 12-6

1 녹음 내용을 듣고, 알맞은 답을 골라 보세요.

❶ 智媛喜欢坐过山车吗?

A 喜欢
B 不喜欢

❷ 欢乐谷在哪儿?

A 北京
B 上海

2 녹음 내용을 듣고 빈칸을 채운 후, 문장의 옳고 그름을 판단해 보세요.

❶ 智媛喜欢_____。

A 对   B 错

❷ 智媛以后_____游乐园了。

A 对   B 错

다산쯔(大山子) 798 거리

구 소련의 원조로 지어진 공장 지대였던 곳에 젊은 아티스트들이 모여들면서 예술 거리가 되었어요. 지금은 아틀리에, 갤러리, 카페, 바 등이 밀집한 중국의 대표적인 예술공간이랍니다. 예술가들이 작업하는 모습을 옆에서 지켜볼 수 있고, 즉석에서 작품도 구매할 수 있어요. 공장 지역을 개조해서 만든 곳이라 분위기가 독특해서, 색다른 느낌이 들 거예요.

Writing

1 다음 빈칸을 채워 보세요.

> 听说，欢乐谷是北京很有名的游乐园，里面＿＿＿＿、＿＿＿＿非常多。周末智媛和浩民去了欢乐谷。＿＿＿＿，智媛不太想去，＿＿＿＿她既不喜欢坐过山车，＿＿不喜欢坐海盗船。但是如果这个月晚上去的话，＿＿＿＿＿＿。浩民非常想去，没办法，智媛＿＿＿＿同意了。可是从欢乐谷回来以后，智媛做了一个决定——以后再也不去游乐园了。浩民为了＿＿＿＿智媛，＿＿＿＿＿＿。可是浩民经常这样说，＿＿＿＿＿＿，还得智媛自己付钱。

2 다음 문장을 중국어로 써 보세요.

❶ 듣자 하니 환러구는 베이징에서 가장 유명한 유원지이며, 안에는 놀 만한 것들과 볼 만한 것들이 굉장히 많다고 한다.

❷ 주말에 지원과 하오민은 환러구에 갔다. 사실 지원은 그리 가고 싶지 않았는데,

❸ 그녀는 롤러코스터 타는 것을 좋아하지 않을 뿐 아니라, 바이킹 타는 것도 좋아하지 않기 때문이다.

❹ 그러나 이번 달 저녁에 간다면 입장권이 할인된다. 하오민이 매우 가고 싶어 해서, 지원은 어쩔 수 없이 동의할 수밖에 없었다.

❺ 그러나 환러구를 다녀오고 나서 지원은 앞으로 다시는 유원지에 가지 않겠다고 결정했다.

❻ 하오민은 지원이에게 보상을 좀 해 주려고, 한턱내겠다고 했다.

❼ 그러나 하오민은 자주 이렇게 말하지만, 때가 되면 아무래도 지원 자신이 돈을 내야 할 것이다.

1 可 + 동사 + 的

▶ 可는 동사와 결합하여 '~할 만하다'라는 뜻으로 쓰이며, 주로 단음절 동사와 결합한다.

- 冰箱里没什么可吃的(东西)。　　냉장고 안에는 별로 먹을 만한 게 없다.
- 最近没什么可看的(电影/书)。　　최근 별로 볼 만한 것(영화/책)이 없다.
- 给我推荐几首可听的歌。　　내게 들을 만한 노래 몇 곡만 추천해 줘.

2 不管……都……

▶ '~와는 상관없이, ~이든 간에'라는 뜻으로, 不管 뒤에는 주로 정반·선택·의문사 의문문의 형태가 많이 오며, 주로 뒤 절에 都, 也, 还是 등과 호응한다.

- 不管你心里怎么想的，你都不应该这样做。
  네가 속으로 어떻게 생각하든, 넌 이렇게 하면 안 돼.
- 不管是谁，都不能去。
  누구든지 갈 수 없다.
- 不管甜的还是不甜的，我都不喜欢。
  달든 달지 않든, 난 다 좋아하지 않아.

3 기간 + 没 + 동사 + 了

▶ 일반적으로 没와 了는 함께 쓸 수 없지만, 만약 没 앞의 시간부사어가 시간의 한 단락[기간]을 나타낼 경우에는 没와 了를 함께 쓸 수 있다.

- 好久没听到你的消息了。　　오랫동안 당신의 소식을 못 들었어요.
- 三天没吃饭了。　　3일간 밥을 못 먹었어요.
- 两年没学习汉语了。　　2년간 중국어를 공부하지 못했어요.

4 동사의 중첩

동사를 중첩하게 되면 동작의 가벼운 시도, 짧은 시간에 이루어지는 동작이나 권유 등을 나타낸다.

▶ 단음절 동사의 중첩

A → AA | A一A | A了A | A了一A

'A了A'와 'A了一A'는 완료된 동작에 사용되는 중첩형식이다.

- 说 → 说说 | 说一说 | 说了说 | 说了一说
- 尝 → 尝尝 | 尝一尝 | 尝了尝 | 尝了一尝

▶ 이음절 동사의 중첩

AB → ABAB | AB了AB

'AB了AB'는 완료된 동작을 나타낼 때 사용되는 형식이며, 이음절 동사는 'AB一AB' 형태로는 쓸 수 없다.

- 补偿 → 补偿补偿 | 补偿了补偿
- 考虑 → 考虑考虑 | 考虑了考虑

▶ 이합동사의 중첩

AB → AAB | A一AB | A了AB

이합동사는 동사와 목적어로 이루어져 있기 때문에, 중첩할 때는 동사 부분만 중첩한다.

- 游泳 → 游游泳 | 游一游泳 | 游了游泳
- 聊天 → 聊聊天 | 聊一聊天 | 聊了聊天

Check up

Q 다음 문장을 바르게 고쳐 보세요.

1. 我家里没有什么可吃。＿＿＿＿＿＿＿＿＿＿＿。
2. 不管你去不去，都我去。＿＿＿＿＿＿＿＿＿＿＿。
3. 我三年没回中国。＿＿＿＿＿＿＿＿＿＿＿。
4. 我想游泳泳。＿＿＿＿＿＿＿＿＿＿＿。

练习 Exercise

1 그림 보고 말하기 · 다음 그림을 보고 대화를 완성해 보세요.

1

A 我和男朋友分手了，难过死了。
B _____吧。
（想……就……）

2

A 她怎么了？_____？
（一会儿……，一会儿……）
B 她和男朋友分手了，最近不太正常。

3

A 我们去游泳吧。
B 我是旱鸭子，_____！
（哪敢……啊）

2 표현 연습 · 다음 표현을 사용하여 문장을 완성해 보세요.

好 / 坏

1 我今天有点儿不正常，
心情一会儿_____，一会儿_____。

| 想吃中国菜 想吃韩国菜 | 2 今天不太有胃口，一会儿_____，一会儿_____。 |

| 能用 不能用 | 3 电脑好像出问题了，一会儿_____，一会儿_____。 |

| 想学英语 想学汉语 | 4 这个孩子学习一点也不认真，一会儿_____，一会儿_____。 |

3 도전 스피킹 중국어 · 다음 상황에 맞게 중국어로 자유롭게 말해 보세요.

跟朋友一起聊天儿。

A 这个周末没什么_____！

B 要不我们_____。

A 好呀，_____没_____了。

B 那我们就这么决定了。

A _____，不管_____，你都_____。

B 嗯！好的。

句子 PLUS+

12 칭찬

1 真是美极了!
Zhēnshi měi jí le!
정말 너무 아름다워요!

2 你穿这件衣服漂亮极了!
Nǐ chuān zhè jiàn yīfu piàoliang jí le!
당신이 이 옷을 입으니 너무 예뻐요!

3 我特别喜欢你今天的发型。
Wǒ tèbié xǐhuan nǐ jīntiān de fàxíng.
나는 당신 오늘 헤어스타일이 특히 맘에 들어요.

4 我认为这条裤子特别适合你。
Wǒ rènwéi zhè tiáo kùzi tèbié shìhé nǐ.
내 생각에는 이 바지가 특히 당신에게 어울리네요.

5 你写的文章简直好极了!
Nǐ xiě de wénzhāng jiǎnzhí hǎo jí le!
당신이 쓴 글은 그야말로 너무 좋아요!

6 这是我吃过的最好吃的菜。
Zhè shì wǒ chīguo de zuì hǎochī de cài.
이것은 내가 먹어 본 것 중에 최고로 맛있는 음식이에요.

7 你的汉语说得真不错，听起来跟中国人一样。
Nǐ de Hànyǔ shuō de zhēn búcuò, tīngqǐlai gēn Zhōngguórén yíyàng.
당신은 중국어를 참 잘하네요, 듣기에는 중국인과 똑같아요.

发型 fàxíng 헤어스타일 | **简直** jiǎnzhí 그야말로, 전혀

new 스피킹 중국어 초급 下
부록

정답
听一听
语法
练习

해석
主要句子
会话 1
会话 2

찾아보기

地铁上的外国人!
지하철의 외국인!

013

主要句子

1. 나는 3년째 배우고 있어요.
   남동생은 세 끼째 먹고 있어요.
   엄마는 치마를 한 벌 샀어요.

2. 그가 화가 났는데, 어떻게 웃을 수 있죠?
   오빠(형)가 아픈데, 어떻게 출근할 수 있죠?
   당신은 숙제도 다 안 했는데, 어떻게 학교에 갈 수 있죠?

3. 나는 아침밥을 먹고 싶지 않고 게다가 요즘 다이어트를 하고 있어요.
   우리 놀러 나가요. 게다가 오늘 날씨도 좋아요.
   중국어 공부를 잘 하세요. 게다가 중국어를 할 줄 알면 일을 구하기 쉬워요.

4. 당신은 반드시 중국어 공부를 열심히 해야 해요.
   당신은 반드시 즐겁게 생활해야 해요.
   당신은 반드시 좋은 직업을 찾아야 해요.

나나와 동건이 이야기를 나눈다.

나나	너 여기에서 생활한 지 좀 되었잖아. 가장 기억에 남는 일이 뭐야?
동건	재작년에 중국어 과외 선생님 댁에서 설을 쇤 일이야.
나나	네가 생각하기에 중국의 설은 어떤 것 같아?
동건	굉장히 재미있어. 그렇지만 내가 제일 잊을 수 없는 것은 선생님 댁으로 가는 길에서 본 모든 것들이야.
나나	무슨 일이 있었는데?
동건	우리는 1박 2일 동안 기차를 탔어. 제일 인상이 깊었던 것은 객차가 굉장히 붐볐다는 거야.
나나	너희들이 산 건 일반석이었니, 아니면 일반 침대칸이었니?
동건	당연히 일반 침대칸이지, 그렇지 않으면 그렇게 긴 시간을 어떻게 견딜 수 있겠어?

동건이 안나와 함께 커피를 마신다.

안나	네가 이곳에서 가장 놀랐던 일은 뭐니?
동건	많은 사람들이 자전거를 타서 정말 놀랐어.
안나	난 어째서 여태껏 그렇게 많은 자전거를 본 적이 없는 거지?
동건	네가 학교 기숙사에 살고 있기 때문이 아니겠어? 게다가 외출할 때는 러시아워도 아니고.
안나	러시아워는 보통 언제야?
동건	출퇴근 시간이지. 자전거가 굉장히 많고, 교통체증도 아주 심해.
안나	다음 번에 그 시간에 도로로 가서 좀 봐야겠다.
동건	꼭 안전에 주의해야 해.

1 ❶ B   ❷ A

2 ❶ B (东建认为这个外国人不是美国人。)
  ❷ A (东建也是个外国人。)

语法

❶ 不然   ❷ 让
❸ 百分之   ❹ 得很

练习

1
1. 堵车堵得很厉害。
2. 他在车上遇见了辅导老师，很吃惊。
3. 因为车厢后面有空的座位。

2
1. 飞机快得很。
2. 他说得好得很。
3. 你快点儿写作业，不然没有时间写了。
4. 你应该走了，不然要迟到了。
5. 百分之九十不会下雨。
6. 他百分之百喜欢这件礼物。

3
[예시] ①
A 你最难忘的事是什么?
B 我最难忘的事是高中毕业旅游。
A 发生了什么事?
B 分手的时候很多同学都哭了。
A 我印象最深的也是毕业旅游。
B 是呀, 那时候大家都单纯得很。

[예시] ②
A 你最难忘的事是什么?
B 我最难忘的事是第一次拿到工资。
A 发生了什么事?
B 我给爸妈买了礼物, 他们高兴极了。
A 我印象最深的是我拿到工资第一次请爸爸吃饭。
B 你真懂事, 他们一定很开心吧。

别说结婚跟钱没关系
결혼이 돈과 상관없다고 말하지 마세요

027

主要句子

1. 요즘 중국어가 갈수록 더 인기 있어요.
   외국으로 여행 가는 사람이 갈수록 더 많아요.
   나는 갈수록 여자 친구가 보고 싶어요.

2. 솔직히 나는 조금도 김치를 좋아하지 않아요.
   솔직히 그는 아직 밥을 먹지 않았어요.
   솔직히 오늘 그는 집에서 하루 종일 잤어요.

3. 만약 비가 온다면 엄마는 쇼핑을 가지 않아요.
   만약 배고프면 비스킷을 좀 먹어요.
   병이 났으면 의사에게 진찰을 받으러 가는 것이 가장 좋아요.

4 열심히 공부하지 않아도 상관없다고 말하지 마세요.
중국어를 공부하지 않아도 상관없다고 말하지 마세요.
부모님이 다투어도 상관없다고 말하지 마세요.

나나는 결혼한 지원을 우연히 만났다.

나나　넌 정말 점점 예뻐지는구나. 결혼 생활은 틀림없이 행복하겠지!
지원　당연하지. 너도 어서 결혼하렴.
나나　벌써 열 몇 번이나 선을 봤는데, 역시 괜찮은 남자를 만나지 못했어.
지원　어째서 한 명도 마음에 들지 않았어? 눈이 너무 높은 거겠지!
나나　뭘! 단지 집 있고 차 있고, 생긴 것만 괜찮으면 충분하다고.
지원　네 요구는 충분히 높은걸. 넌 돈을 원하는 거야? 아니면 사람을 원하는 거야?
나나　다 원해. 그렇지만 좋은 직업도 있어야 해. 네가 사람 좀 소개해 줘.
지원　최선을 다할게. 솔직히 말하면, 넌 이 생애에 결혼하기 좀 어려울 것 같아.

나나와 리리가 집에서 이야기를 나눈다.

나나　네가 생각하기에 지금은 어떤 남자가 여자에게 가장 인기가 많은 것 같아?
리리　만약 의사, 변호사, 혹은 중국어 선생님이라면 가장 인기가 많지.
나나　이 세 가지 직업의 남자 중에 넌 누가 좋아?
리리　음……의사의 직업병은 누구나 다 아프다고 보는 거니까, 난 의사를 선택하지는 않을 거야.
나나　네 생각에 변호사는 어때니? 언변이 좋으니까, 틀림없이 여자 친구를 잘 달랠 거야.
리리　변호사는 흠 잡기를 좋아해. 이런 남자랑 결혼하면, 항상 잔소리를 들을걸.
나나　보아하니 넌 중국어 선생님을 좋아하는구나.
리리　중국어 선생님은 더 안 좋아. 말만 했다 하면 바로 잘못된 어법을 교정할 거야. 참을 수 없어.

1 ❶ A　　　　❷ B
2 ❶ B (很多女人结婚的时候最关心的是男人个子高不高。)
　❷ A (很多女人觉得结婚和钱有关系。)

❶ 越 / 越　　❷ 说
❸ 能 / 会　　❹ 哪有啊

练习

1 1 一定是爱人给他打的电话，他的爱人很唠叨。
2 我一点儿也看不上他送的东西。
3 他这辈子第一次买了自己的车。

2 1 她越来越漂亮了。
2 越来越难了。
3 你说这部电影怎么样？
4 你说他们合适吗？
5 非常喜欢，她能唱会跳的。
6 是啊！他比我能说会道。

3 [예시] ①
A 最近你看起来心情特别好。
B 呵呵。因为我有男[女]朋友了。
A 你是怎么认识他[她]的？
B 我去参加好朋友的婚礼，没想到他[她]正好是我朋友的同事。
A 他[她]是做什么工作的？
B 他[她]是做市场开发的。

[예시] ②
A 最近你常常不跟朋友们一起玩。
B 呵呵。因为我有男[女]朋友了。
A 你是怎么认识他[她]的？
B 我去补习班学汉语时认识的，没想到他[她]就住在我家附近。
A 他[她]是做什么工作的？
B 他[她]是做海外营业的。

chapter 03 这样赚钱是最划算的！

이렇게 돈 버는 게 가장 수지 맞는 거예요!

1 다시 그녀에게 설명해도 무슨 소용이 있겠어요.
다시 이 일을 말해도 무슨 소용이 있겠어요.
다시 당신을 나무라도 무슨 소용이 있겠어요.

2 듣자 하니 그에게 여자 친구가 생겼대요.
듣자 하니 내일 날씨가 그다지 좋지 않다고 하네요.
듣자 하니 사장님이 나에게 급여를 올려 준대요.

3 당신은 이 일과 무슨 관계예요?
남동생이 기분이 안 좋은 게 나와 무슨 관계예요?
여동생은 그 남자와 무슨 관계예요?

4 만약 길에 차가 막히면 저는 틀림없이 지각할 거예요.
만약 당신이 그를 찾지 못하면 바로 그에게 전화하세요.
만약 엄마가 동의하지 않으면 어떡하죠?

지원과 하오민이 집에 있다.

하오민　최근 은행이 우대행사를 해서, 10만 위안을 5년 동안 저축하면 이자가 4%야.
지원　아무리 우대를 한들 무슨 소용이 있어! 우리 결혼할 때 그렇게 많은 돈을 썼는데, 저축할 돈이 어디 있어?

183

하오민	생각 해 보는 것도 안 돼? 난 어떻게 투자해서 돈을 버는 게 가장 수지에 맞을지 계획하고 있어.
지원	하오민, 꿈도 꾸지 마.
하오민	지원아, 우리 주식 사는 거 어때?
지원	주식시장이 불경기라 계속 하락하고 있는 걸 당신이 모르는 것도 아니잖아.
하오민	듣자 하니 펀드 시세가 괜찮다던데, 우리 펀드를 좀 사자.
지원	보아하니, 당신 돈 생각하다 머리가 이상해졌구나. 열심히 일해.

하오민이 막 집에 돌아왔다.

하오민	지원아, 좋은 소식이야, 좋은 소식!
지원	무슨 일인데 이렇게 기분이 좋아?
하오민	듣자니까 우리 회사의 주식이 곧 오를 거래.
지원	그게 우리랑 무슨 상관이 있어? 혹시 월급을 인상해 주는 거야?
하오민	바보! 난 회사 주식을 좀 사려는 거야.
지원	만일 그 소식이 거짓이라, 믿게 되면 어떻게 할 거야?
하오민	당신은 자기 남편을 좀 믿어야 해. 우리는 금방 부자가 될 거야.
지원	믿기야 믿지. 하지만 내 손에서 한푼도 가져갈 생각하지 마.

1 ❶ A   ❷ B
2 ❶ B (浩民不太喜欢自己的工作, 想辞职。)
   ❷ A (浩民买的股票现在上涨了。)

语法

❶ 万一   ❷ 狠狠地
❸ 做梦   ❹ 划算

练习

1 1 这家超市有很多优惠活动。
   2 她疯了吗? 鸡肉容易坏。
   3 别做梦了, 她的英语说得太差了。

2 1 哪儿划算去哪儿买。
   2 太划算了。
   3 做梦! 不能穿!
   4 别做梦了! 不可以!
   5 万一下雨了, 怎么办?
   6 万一路上堵车了也不会迟到。

3 [예시] ①
   A 最近超市正在搞洗发品的优惠活动, 一起去看看吧。
   B 我家里还有好多没用呢, 不去了。
   A 没关系。现在买很便宜, 这种商品两年以后也可以用。
   B 你又不是不知道我这个月已经花了很多钱了。
   A 去吧, 如果优惠结束再买, 就不划算了。
   B 好吧, 我们一起去吧。

[예시] ②
A 最近超市有洗衣粉的优惠活动, 我想买点儿。
B 我上个月才买了一大包。还没用呢。
A 没关系。现在买很便宜, 这种商品两年以后也可以用。
B 你又不是不知道超市搞优惠, 就是要你多花钱。
A 先去看看, 不划算就不买, 行了吧。
B 好吧, 我们一起去吧。

chapter 04 护照不见了

여권이 없어졌어요

主要句子

1 그녀는 노래를 부를 줄도 알고 춤출 줄도 알아요.
   이 일은 그를 기쁘게도 하고 또 걱정하게도 해요.
   날씨가 좋지 않아요. 바람도 불고 비도 내려요.

2 우리 양식을 먹는 게 낫겠어요!
   상하이로 여행을 가는 게 낫겠어요!
   집으로 가서 쉬는 게 낫겠어요!

3 만약 시간이 있으면 우리 함께 식사해요.
   만약 당신이 집으로 돌아가면 나도 집에 갈래요.
   만약 여행을 가면 상하이로 가요.

4 기껏해야 앞으로 그와 인사 안 하면 그만이죠.
   기껏해야 오늘 저녁에 나가지 않으면 그만이죠.
   기껏해야 저녁에 야근하면 그만이죠.

지원과 하오민은 여행을 갈 계획이다.

하오민	여보, 이전에 결혼할 때 여행을 못 갔잖아. 지금 어디 가고 싶어?
지원	우리 제주도 가자! 듣자 하니 많은 사람들이 제주도로 신혼여행을 간대.
하오민	지금은 여름이라, 제주도는 날씨도 덥고 사람도 많을 거야. 역시 가지 않는 게 좋겠어.
지원	유럽으로 가는 건 어때? 요새 단체로 유럽 여행 가는 게 유행이야.
하오민	좋긴 좋은데, 단체여행은 배낭여행만큼 신나지 않아.
지원	우리 배낭여행을 선택하는 게 낫겠어.
하오민	좋은 생각이야. 비록 가격은 좀 비싸지만, 배낭여행이 틀림없이 더 재미있을 거야.
지원	그렇지만 난 영어를 할 줄 모르니까, 나가서는 너만 믿을게.

지원과 하오민이 공항에 있다.

하오민	이런! 여권이 보이지 않아.
지원	당신 외투 주머니 속에 넣지 않았어?
하오민	맞아! 오늘 아침에 내가 분명히 속에 넣었는데, 어째서 보이지 않는 거지?
지원	서두르지 마. 다시 자세히 좀 찾아봐.

하오민	좀 전에 부주의해서 길에서 잃어버린 거 아닐까?
지원	당신은 맨날 이렇게 덜렁거려. 우리 방금 걸었던 길을 따라서 다시 한번 걸으면서 찾아보자.
하오민	그렇게 하는 수밖에 없겠다. 만약 그래도 못 찾으면 어떡하지?
지원	기껏해야 대사관에 가서 재발급하는 거지. 그렇지만 틀림없이 오늘 비행기 시간에는 맞출 수 없을 거야.

1 ❶ B　　　　❷ A
2 ❶ A (浩民最近赚了一笔钱。)
　❷ B (补办护照的手续很麻烦, 但是费用很低。)

语法

❶ 我不比你饿。
❷ 我不如你晚。
❸ 他的生活没有我的好。

练习

1
1 都拿好了, 我已经仔细检查了好几遍。
2 没关系, 大不了在家看电视。
3 我看到你放在口袋里了。

2
1 虽说走的时间很长, 但是一点儿都不累。
2 虽说认识, 但是不常常见面。
3 只好在机场里多等几个小时。
4 只好喝水了。
5 大不了不去上大学。
6 大不了被老师批评。

3 [예시] ①
A 你想去哪儿旅游?
B 我想去台湾旅游。
A 还是别去那里。听说最近是雨季, 常常下雨。
B 我去澳洲, 怎么样?
A 好是好, 但是现在那里是冬天, 没什么好看的吧。
B 算了, 我自己决定旅游的地方吧。

[예시] ②
A 你想去哪儿旅游?
B 我想去日本旅游。
A 还是别去那里。听说最近日本常常地震。
B 我去夏威夷, 怎么样?
A 好是好, 但是皮肤一定会晒黑的。
B 算了, 我自己决定旅游的地方吧。

단어 夏威夷 Xiàwēiyí 하와이 / 晒 shài 햇볕을 쬐다, 햇볕에 말리다

chapter 05 我是广播员

저는 아나운서예요

主要句子

1 나는 어릴 때부터 중국 영화 보는 것을 좋아했어요.
　그는 어릴 때부터 샹차이를 먹었어요.
　엄마는 어릴 때부터 영어를 공부했어요.

2 그에 대한 나의 이해로, 나는 진작에 알아맞혔어요.
　영화에 대한 그의 호감으로 그는 마침내 감독이 되었어요.
　그의 축구 기술로 그는 그 시합에서 이겼어요.

3 당신이 정말로 그를 사랑하지 않는 이상 결혼하지 마세요.
　날씨가 좋지 않은 이상 나가서 놀지 마세요.
　기왕에 급여가 올랐으니 한턱내세요.

4 내 아내는 그의 아내와 비교해 보면 아무것도 못 해요.
　내 능력은 그의 능력과 비교해 보면 아직 멀었어요.
　일본과 미국을 비교해 보면 아주 많은 차이가 있어요.

 나나는 길에서 야마모토를 만났다.

나나	이번 학기에 넌 무슨 동아리에 참가했니? 내가 보니 넌 날마다 굉장히 바쁘던데.
야마모토	난 어려서부터 아나운서가 되고 싶었거든. 학교 방송국에서 새 아나운서를 뽑는다는 걸 보자마자 바로 잽싸게 가서 등록했지.
나나	그럼 결과는 어때?
야마모토	내 능력으로 당연히 성공했지.
나나	그럼 앞으로 넌 학교의 유명인이 되겠구나.
야마모토	천만에! 그렇지만 앞으로 방송에서 내 목소리를 자주 들을 수 있을 거야.
나나	이왕에 아나운서가 되었으니, 열심히 하렴.
야마모토	그거야 당연하지.

 2개월 후, 나나와 야마모토가 또 만났다.

나나	방송국 일은 어때? 네가 상상했던 것과 같아?
야마모토	말도 마. 매일 아침 5시 반에 일어나서, 아나운서 선배에게 방송 기교를 배우러 가야 해.
나나	그럼 넌 발전은 있는 거야, 없는 거야?
야마모토	난 전공이 아니라서, 전공 학생과 비교하자면 난 아직 한참 멀었어.
나나	그럼 넌 앞으로 어떤 프로그램을 방송하니? 뉴스, 오락 아니면 과학?
야마모토	뉴스라면 너무 정식적이고, 오락이라면 너무 발랄하고, 과학이라면 또 너무 재미가 없고. 답답해 죽겠어.
나나	지금은 무엇이든 쉬운 일이 아니라는 걸 알았겠지.
야마모토	그래. 그래서 난 더욱 노력할 거야.

听一听

1　❶ A　　❷ B
2　❶ B (现在山本已经做得非常好了。)
　❷ B (山本觉得参加这个社团是一件很容易的事。)

语法

❶ 并　　❷ 上
❸ 尽管 / 但是　　❹ 吧 / 吧 / 吧

练习

1　1　既然要考大学，就一定要努力学习。
　2　凭他的努力，也应该拿到奖学金。
　3　数学吧，没有意思；物理吧，太难；英语吧，不感兴趣。

2　1　尽管我没有钱，但是我还是想买漂亮的衣服。
　2　尽管学习汉语很难，但是我还是得努力学习。
　3　尽管怕胖，但是我还是想吃烤肉。
　4　尽管工作的压力很大，但是我还是不想辞职。

3　[예시] ①
　A　好久不见，最近过得怎么样?
　B　我刚换了工作，忙得要命。
　A　为什么突然换工作了呢?
　B　和以前的工作相比，我更喜欢现在的工作。
　A　喜欢就好。尽管工作忙，但是要多注意身体啊!
　B　我知道了，谢谢你的关心。

　[예시] ②
　A　好久不见，我们多长时间没联系了?
　B　大概快半年了吧，因为我换工作了，忙得要命。
　A　为什么突然换工作了呢?
　B　和以前的工作相比，我觉得更适合现在的工作。
　A　适合就好。尽管工作忙，但是别忘了常联系啊!
　B　我知道了，有时间一起吃饭吧。

chapter 06 我有心上人了

마음에 둔 사람이 생겼어요

主要句子

1　그의 마음은 큰 바다와 같아요.
　그 여자의 다리는 가늘고 곧아서 마치 젓가락 같아요.
　그는 마치 스타처럼 입었어요.
2　당신 앞쪽으로 보세요(그쪽에 멋진 남자가 있어요).
　스타벅스 쪽으로 걸어가세요(화장품 가게를 볼 수 있을 거예요).
　지하철역으로 뛰어가세요.
3　내가 이렇게 하는 것은 당신을 기쁘게 하기 위해서가 아니겠어요?

지금 열심히 중국어를 공부하는 것은 밝은 앞길을 위해서가 아니겠어요?
지금 배고픈 것은 이따 좋은 것을 먹으러 가기 위해서가 아니겠어요?
4　설마 당신은 그가 이런 사람인 줄 몰랐어요?
　설마 당신은 아침밥을 먹지 않았어요?
　설마 당신에게 남자 친구가 생겼어요?

 会话 1　영애와 안나가 이야기를 나눈다.

영애　너 야마모토 봤니?
안나　누가 야마모토야?
영애　바로 옆 반의 그 일본 유학생이야. 오늘 그는 체크무늬 셔츠랑 진청색 청바지를 입고, 나이키 운동화를 신었어.
안나　네가 말한 사람이 짙은 눈썹에 큰 눈, 스포츠형 헤어스타일의 남학생이지?
영애　맞아. 바로 그 사람이야.
안나　방금 자동판매기에서 커피를 사더라. 사고 나서 도서관 방향으로 걸어갔어.
영애　도서관! 언제부터 도서관에 가기 시작한 거야?
안나　난 요새 도서관에서 자주 그를 볼 수 있는데.

 会话 2　영애는 야마모토를 만났다.

영애　야마모토, 듣자 하니 너 요새 도서관에 가기 시작했다면서?
야마모토　그것 또한 사랑을 위해서가 아니겠니?
영애　너 마음에 담고 있는 사람이 생겼어?
야마모토　그녀에 대해 말하자면, 난 정말 웃음을 참을 수 없어.
영애　누가 그렇게 매력이 많은 거야?
야마모토　바로 옆 반의 그 미국 유학생이야. 금발 머리에 푸른 눈이고, 웃으면 눈이 마치 달과 같아. 정말이지 너무 아름다워.
영애　아! 네가 마음에 둔 사람은 '안나'로구나.
야마모토　설마 네가 그녀를 안단 말이야?

 听一听

1　❶ B　　❷ B
2　❶ A (山本以前不喜欢去图书馆学习。)
　❷ B (安娜知道自己是山本的心上人。)

语法

❶ 不是 / 吗　　❷ 难道
❸ 还不是　　❹ 哪儿

练习

1　1　像商店里卖的一样。
　2　难道放在书包里面了?
　3　往这个方向走，就会看到一家卖伞的商店。

2　1　你在哪一家公司工作来着?
　2　我回家要找什么来着?

3 你要我帮你买什么来着?
4 杯子摔碎了，因为他没拿住杯子。
5 时间过得太快了，我想留住时间。
6 听到有人喊她，她站住了。

3 [예시] ①
A 你听说过隔壁公司的老板吗?
B 你说的是那个浓眉大眼、个子高高的人吗?
A 没错，就是他。原来你也注意到了。
B 他每天都穿得怪怪的。
A 听说他以前做过模特儿，所以很关心时尚。
B 原来是这样啊!

단어 时尚 shíshàng 유행

[예시] ②
A 你听说过隔壁公司的前台小姐吗?
B 你说的是那个眼睛大大的、身材苗条的人吗?
A 没错，就是她。原来你也注意到了。
B 她每天都穿得很性感。
A 听说她参加过选美比赛。
B 原来是这样啊!

단어 选美比赛 xuǎnměi bǐsài 미인 선발 대회

我喜欢美食
전 맛있는 음식을 좋아해요

主要句子

1 가장 큰 소원은 중국어를 유창하게 하는 거예요.
  가장 큰 소원은 중국어 선생님이 되는 거예요.
  가장 큰 소원은 세계 각지를 여행하는 거예요.

2 이 책과 저 책은 어떤 차이가 있나요?
  베이징과 서울은 어떤 차이가 있나요?
  중국어와 영어는 어떤 차이가 있나요?

3 학교에는 책상, 의자와 같은 이런 물건들이 많아요.
  우리 집에는 컴퓨터, 텔레비전과 같은 이런 가전제품들이 많아요.
  아빠에게는 영어책, 중국어책과 같은 이런 책들이 많아요.

4 사람이 좋은지 안 좋은지의 관건은 그의 성격이 어떤지를 보면 돼요.
  부부 관계가 좋은지 안 좋은지의 관건은 그들이 행복한지 아닌지를 보면 돼요.
  학교가 좋은지 안 좋은지의 관건은 선생님의 능력이 높은지 아닌지를 보면 돼요.

 나나와 지원이 함께 식사를 한다.

나나 넌 아침 식사로 주로 뭘 먹니?
지원 내 아침 식사는 아주 간단해. 바오쯔(찐만두) 한 개나 유탸오

(중국식 꽈배기) 한 개면 해결돼.
나나 네 식습관은 점점 중국 사람과 비슷해지는구나. 중국 음식이 틀림없이 네 입맛에 맞을 거야.
지원 누가 아니래. 중국에서 이렇게 오랫동안 머무르다 보면 당연히 먹는 게 익숙해져.
나나 넌 어느 지역의 중국 음식을 가장 좋아하니?
지원 중국 음식은 '남쪽은 달고 북쪽은 짜고, 동쪽은 맵고 서쪽은 시다'고 하잖아. 난 편식하지 않고 다 좋아해.
나나 보아하니 넌 중국 음식을 많이 먹어봤구나. 각 지역의 음식 맛에 대해 이렇게 잘 알다니.
지원 난 맛있는 음식을 좋아하거든. 가장 큰 소원이 바로 중국 각지의 음식을 두루 맛보는 거야.

 나나와 동건이가 이야기를 나눈다.

나나 중국 요리와 한국 요리는 어떤 차이가 있니?
동건 중국 요리는 맛이 강하고, 약간 느끼해. 한국 요리는 담백하고 건강에 좋아.
나나 네 생각에 중국 음식이 맛있니, 아니면 한국 음식이 맛있니?
동건 각각 장점이 있어. 중국 요리는 종류가 풍부하고, 각 지역의 맛이 다 달라.
나나 한국 요리는?
동건 한국 요리는 비교적 단순하지. 김치, 단무지와 같은 이런 절임 식품들이 아주 많이 있어.
나나 그러게. 내가 한국 식당에서 밥을 먹을 때 공짜로 그런 밑반찬들을 많이 먹었어.
동건 너 아니? 한국 식당이 좋은지 나쁜지, 관건은 그곳의 밑반찬이 맛이 있는지 없는지를 보는 거야.

听一听

1 ❶ A   ❷ B
2 ❶ B (中国菜很单一。)
  ❷ A (很多去过中国的韩国人喜欢吃中国菜。)

语法

❶ 惯   ❷ 现 / 现
❸ 那可不   ❹ 听遍

练习

1 1 是啊! 太油腻了。
  2 你做的菜都是美食。
  3 很单一，不过很便宜。

2 1 那可不，我们从小一起长大。
  2 那可不，我在中国生活了八年了。
  3 可是我妈妈看不惯她穿的衣服。
  4 我住不惯这里的房子。
  5 走遍首尔的名胜古迹。
  6 太好吃了。我想吃遍所有的中国菜。

3 [예시] ①
- A 你午饭常常吃什么?
- B 我午饭常常吃学校食堂的快餐。
- A 你最喜欢什么菜?
- B 我最喜欢糖醋里脊。
- A 看样子你特别爱吃肉吧。
- B 那可不, 我每顿饭都要有肉。

[예시] ②
- A 你午饭常常吃什么?
- B 我午饭常常吃妈妈给我准备的盒饭。
- A 你最喜欢什么菜?
- B 我最喜欢西红柿炒鸡蛋。
- A 看样子你妈妈做菜做得很好吧。
- B 那可不, 我妈妈以前在饭店工作。

단어 盒饭 héfàn 도시락

chapter 08 你的压力大吗?

당신의 스트레스는 심한가요?

主要句子

1. 나는 일이 너무 바빠서 매일 식당에 가서 식사하는 거예요!
   주말에 비가 내려서 놀러 갈 수 없었던 건 아니에요!
   나는 이 일을 이해할 수 없는 건 아니에요!

2. 나는 대학에서 공부할 뿐만 아니라 게다가 할아버지도 대학에 가서 공부하세요.
   나는 이 책을 봤을 뿐만 아니라 게다가 남동생도 이 책을 봤어요.
   나는 중국어를 말할 수 있을 뿐만 아니라 게다가 그들도 중국어를 말할 수 있어요.

3. 내가 집에 돌아오기를 기다릴 필요 없어요.
   말할 필요 없어요.
   생각할 필요 없어요.

4. 사실 나는 피자 먹는 것을 좋아하지, 김치 먹는 것을 좋아하지 않아요.
   사실 엄마는 그곳에 간 적이 있어요.
   사실 나는 텔레비전 보는 것을 좋아하지 않아요.

지원과 하오민이 집에 있다.

하오민 왜 한국 사람들은 하나같이 술집에 죽치고 있는 걸 좋아하지?
지원 역시 업무 스트레스가 너무 심해서 아니겠죠? 술을 마시면 스트레스를 사라지게 할 수 있잖아.
하오민 술이 정말 그렇게 효과가 있어?
지원 술을 마시면 주위의 고민을 잊을 수 있을 뿐 아니라, 게다가 동료 간에 우애를 증진시킬 수도 있어.
하오민 그들은 주로 무슨 술을 마시지?
지원 많은 사람들이 소주 마시는 걸 좋아해. 알코올 도수가 비교적 높고, 마시기에 맛도 꽤 괜찮거든.

하오민 당신은 한국에서 일할 때, 술집에 가서 술 마시는 걸 좋아했어?
지원 당신이 내 주량을 모르는 것도 아니잖아. 마시기만 하면 바로 취한다고.

하오민과 지원이 함께 집에서 저녁을 먹기로 약속했다.

하오민 오늘 저녁에는 날 기다렸다가 밥 먹을 필요 없어.
난 의사 선생님 몇 분과 레스토랑에 가서 식사할 거야.
지원 당신 생활이 정말 부럽다. 늘 고기, 생선에 진수성찬이구나.
하오민 고객에게 식사를 대접하는 것 역시 내 일인걸. 사실 나도 이런 생활을 하고 싶지 않아.
지원 오늘은 무엇 때문에 그들에게 식사를 대접하는 거야?
하오민 회사의 약을 판매하기 위한 것 아니겠어?
지원 어째서 당신은 매번 의사들에게 식사 대접을 할 때마다, 고급 식당에 가는 거야?
하오민 왜 요새 약을 점점 더 비싸게 파는 줄 아니? 이유를 맞혀봐.
지원 하하……알겠다.

1. ① B ② A
2. ① A (很多人喜欢去喝酒的原因是工作压力太大了。)
   ② B (公司职员加班以后不想去喝酒。)

语法

① 这个国家的经济一年比一年好。
② 你又不是老板, 干吗管那么多事?
③ 我用不用告诉妈妈这件事?
④ 还不是又去踢足球了!

练习

1
1. 当然是去泡酒吧了。
2. 非常挑食, 他只喜欢吃大鱼大肉。
3. 他的酒量很小。

2
1. 一本比一本好。
2. 一天比一天忙。
3. 还不是没有时间。
4. 还不是路上堵车。
5. 你又是这样! 什么时候才能做完?
6. 对我来说又不算什么。

3 [예시] ①
- A 今晚我要请女朋友去吃饭。
- B 真羡慕你有了女朋友, 真幸福。
- A 今天我打算带她去吃日本菜。
- B 为什么你每次都要吃贵的菜呢?
- A 还不是为了讨女朋友喜欢。
- B 看来请女朋友吃饭也是件大事!

[예시] ②
A 今晚我要请女朋友去吃饭。
B 真羡慕你常常过二人世界。
A 今天我打算跟她去新罗饭店吃西餐。
B 为什么你每次都去那么高档的餐厅呢?
A 还不是为了让女朋友高兴。
B 看来请女朋友吃饭也是件大事!

chapter 09 你对中国的印象怎么样?

중국에 대한 당신의 인상은 어떤가요?

主要句子

1 당신은 서울에 대한 인상이 어때요?
  당신은 이 선생님에 대한 인상이 어때요?
  당신은 그녀에 대한 인상이 어때요?

2 그들은 아이들 앞에서 말다툼했어요.
  그들은 사장님 앞에서 동료의 험담을 했어요.
  그들은 선생님 앞에서 잠을 잤어요.

3 요즘 일만 하고 쉬지 않았어요.
  요즘 중국어 공부만 하고 다른 책을 보지 않았어요.
  요즘 친구들과 약속해서 만나기만 했지, 책을 보지 않았어요.

4 하지만 그들은 싸우지 않았어요. 기껏해야 말다툼한 셈이에요.
  하지만 학교에서 여름 방학을 하지 않았어요. 기껏해야 며칠 쉰 셈이에요.
  하지만 선생님은 화내지 않았어요. 기껏해야 기분이 언짢았죠.

会话 1

나나와 지원이가 이야기를 나누고 있다.

나나 네가 중국에 오지 않았을 때는, 중국에 대한 인상이 어땠니?
지원 나는 중국이 굉장히 보수적인 국가일 거라고 생각했어.
나나 중국에 온 이후에는?
지원 내가 처음 중국에 왔을 때, 많은 젊은이들의 행동을 보고 크게 놀랐어.
나나 왜?
지원 너무 개방적이었거든. 나는 자주 그들이 거리에서, 많은 사람들 앞에서 입 맞추는 것을 봤어.
나나 난 개방적인 것으로 말하자면, 역시 한국이라고 생각하는데.
지원 만약 한국의 연인이 공공장소에서 껴안고 있다면, 어르신께 한바탕 크게 꾸지람을 들을걸.

会话 2

나나와 동건이가 이야기를 나누고 있다.

나나 요즘 하오민만 보이고 지원이는 보이질 않아. 그녀가 뭐 하느라 바쁜지도 모르겠어.
동건 걱정하지 마, 듣자니까 그녀는 며칠 전에 귀국했대.
나나 무슨 일이 생겨서 돌아간 거야?
동건 무슨 일이 있는 건 아니고, 성형수술을 하려고 돌아간 것 같아.
나나 보기에 꽤 예쁜데, 또 성형이 필요해?

동건 인간이란 말이지, 영원히 자신이 갖고 있는 것에 만족하지 않아.
나나 그러게 말이야. 나도 늘 내 자신이 그다지 예쁘지 않다고 생각해.
동건 그렇지만 넌 정말로 예쁜 여자라고 할 수 없는걸. 기껏해야 귀엽게 생긴 셈이지.

听一听

1 ❶ A   ❷ B
2 ❶ B (在很多外国人的印象里,中国人很开放。)
  ❷ A (中国的老爷爷老奶奶喜欢午睡。)

语法

❶ 要说个子,还是我的哥哥最高。
❷ 我们吃了很多,光他就吃了五碗饭。
❸ 如果他生气的话,顶多不跟我说话。
❹ 可不是吗! 我们是中学同学。

练习

1 1 这算什么! 一点儿也不开放。
  2 听说她做了整容手术。
  3 她很满足于自己的生活。

2 1 要说喜欢的电影,还是中国电影。
  2 要说旅游的地方,还是上海。
  3 我光打扫房间了。
  4 我光看电视了。
  5 顶多在家看看书、睡睡觉。
  6 顶多每天吃面包。

3 [예시] ①
A 你有没有去过中国的黄山?
B 去之前我觉得顶多比韩国的山高一些。
A 去了以后呢?
B 我觉得太吃惊了。
A 为什么?
B 因为光爬到山顶就花了四个小时。

[예시] ②
A 你有没有去过中国的海南岛?
B 去之前我觉得和济州岛没什么区别。
A 去了以后呢?
B 我觉得还是很有意思的。
A 为什么?
B 因为那儿的风景很美,还有很多特别的水果和海鲜。

chapter 10 我又不是花花公子!

저는 바람둥이가 아니에요!

主要句子

1. 나는 꼭 그가 중국어를 잘하는지 좀 봐야겠어요.
   나는 꼭 당신이 어떻게 나를 사랑하는지 좀 봐야겠어요.
   나는 꼭 그가 정말로 돈을 벌었는지 좀 봐야겠어요.

2. 여러 잔의 커피
   여러 권의 책
   몇 개월

3. 아이가 이렇게 말을 안 듣고 또 이렇게 장난쳐서, 엄마는 정말 머리가 아파요.
   내가 이렇게 착하고 또 이렇게 성실해서, 많은 사람들이 나를 좋아해요.
   그녀는 이렇게 똑똑하고 또 이렇게 노력해서, 중국어가 갈수록 좋아져요.

4. 매일 즐거운 사람이 정말 부러워요.
   중국어를 유창하게 말하는 사람이 정말 부러워요.
   걱정이 없는 생활이 정말 부러워요.

会话 1

동건이 남동생에게 전화를 한다.
(동건의 남동생 상민은 교환학생 시험을 준비하고 있다.)

동건: 넌 어떤 대학에 신청할 계획이니?
상민: 푸단대학교. 듣자니 거기는 중국에서 일류대학이래.
동건: 너 정말 잘 생각해야 해. 유명 대학교의 합격 점수는 굉장히 높아.
상민: 형은 내 능력을 믿어야 맞지. 거기다가 스트레스가 있어야 비로소 원동력이 있다고.
동건: 그럼 나에게 좀 보여 줘.
상민: 설마 형 모르는 거야? 나는 날마다 여러 곳의 학원을 다니면서 공부한다고.
동건: 스스로에게 스트레스를 너무 심하게 주지 마. 쉬어야 할 때에는 역시 쉬어야 한다고.
상민: 난 이렇게 똑똑하고, 또 이렇게 노력도 하니까, 틀림없이 실패하지 않을 거야.

会话 2

동건이 또 남동생에게 전화를 한다.
(상민이가 시험에 떨어졌다.)

동건: 이번에 너 시험을 망쳤는데, 무슨 계획이 있니?
상민: 다음 학기에 휴학하고, 중국에 유학을 가고 싶어.
동건: 어째서 넌 이렇게 중국에 가서 공부하고 싶어 하는 거야?
상민: 난 앞으로 형처럼 중국에서 일하고 싶어.
동건: 난 중국 문화에 대해서 흥미를 느끼고 있고, 중국인과 교제하는 것도 좋아해.
상민: 형이 정말 부럽다. 게다가 중국인 여자 친구도 있잖아.
동건: 너도 여자 친구가 있잖아! 절대 양다리는 걸치면 안 돼.
상민: 절대 그럴 리는 없어! 난 결코 바람둥이가 아니라고!

听一听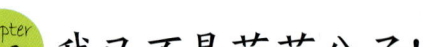

1. ❶ A　　　❷ B
2. ❶ B (这几年中国的物价比韩国的高。)
   ❷ A (尚民听说以前中国的洗手间没有门。)

语法

❶ 这么
❷ 像／一样
❸ 再说
❹ 才

练习

1
1. 他希望去青岛旅游。
2. 当然不容易，录取分数最高。
3. 明年她打算去中国留学。

2
1. 坐公共汽车才是最快的。
2. 才认识了三天了。
3. 我不饿，再说也没有时间。
4. 我很忙，再说我也忘记了。
5. 像妈妈做的一样。
6. 当然，像我一样。

3
[예시] ①
A 你准备换什么工作？
B 我想试试市场销售方面的工作。
A 你要想清楚了，做销售人际关系一定要广。
B 你要相信我才对。
A 我可要看看你以后的销售业绩怎么样。
B 我这么会说话，又这么聪明，一定可以。

단어　业绩 yèjì 업적

[예시] ②
A 你准备投哪家公司？
B 我打算投世界五百强里的公司。
A 你要想清楚了，大公司的工作压力特别大。
B 你要相信我才对。
A 我可要看看你这次能呆多久。
B 我这么能干，又有人缘，一定可以。

단어　人缘 rényuán 좋은 인상, 붙임성, 인복

chapter 11 相见不如怀念!
만나는 것은 그리워하는 것만 못해요!

主要句子

1 뭐가 예뻐요.
   뭐가 기뻐요.
   뭐가 바빠요.

2 보아하니 당신은 중국에서 오랫동안 머물렀군요.
   보아하니 할머니도 여행 가고 싶지 않으시군요.
   보아하니 내일 아주 덥겠군요.

3 언니(누나)를 화나게 했어요.
   나를 난처하게 했어요.
   그가 뭘 말하는지 모르게 했어요.

4 이번 달에 바쁠 줄 누가 알았겠어요.
   그녀가 중국어를 잘할 줄 누가 알았겠어요.
   여동생의 생활이 전혀 즐겁지 않을 줄 누가 알았겠어요.

会话 1

나나가 하오민의 집에 있다.

나나   아내가 집에 없으니, 네 생활이 아주 편하겠구나.
하오민 편하긴 뭘. 세탁하고 밥을 해 주는 사람도 없고, 방 청소 해 주는 사람도 없어.
나나   며칠 전에 아내를 보기만 해도 눈에 거슬린다고 말하지 않았니?
하오민 그건 홧김에 한 말이지. 날마다 함께 생활하다 보면, 갈등을 피하기 어려워.
나나   보아하니 넌 그녀를 그리워하는구나.
하오민 그녀가 집에 있을 때는, 늘 그녀가 잔소리한다고 생각했는데, 집에 없을 때는 오히려…….
나나   너 외롭고 쓸쓸하다고 느끼는구나! 지금은 그녀의 장점이 자주 떠오르지 않니?
하오민 맞아. 그녀를 그리워할 때마다 아주 달콤하지.

会话 2

지원이 막 한국에서 돌아와 바로 나나를 만났다.

지원 어쩐지 네 기분이 안 좋아 보여.
나나 며칠 전에 첫사랑을 만났는데, 날 굉장히 우울하게 만들었어.
지원 왜? 그가 결혼했니?
나나 결혼했어. 그가 뜻밖에도 지금 가장 사랑하는 사람은 여전히 나라고 말할 줄 누가 알았겠니?
지원 허튼소리는 믿지 마. 남자들은 늘 얻을 수 없는 것이 가장 좋은 거라고 생각해.
나나 나도 그렇게 생각해. 그렇지만 우리가 어쨌거나 3년 동안 연애를 했잖아.
지원 만나는 게 그리워하는 것만 못한 거야. 너희는 영원히 이전으로 돌아갈 수도 없어.
나나 사실 만나고 나서, 그 사람에 대한 이전에 연애할 때의 감정이 사라졌어.

听一听

1 ❶ A   ❷ A
2 ❶ A (娜娜以前的男朋友结婚了。)
   ❷ B (现在娜娜很爱以前的男朋友。)

语法

❶ 什么呀
❷ 一肚子
❸ 谁知
❹ 难免

练习

1 1 他打算出去的时候，谁知下雨了。
   2 今天是她跟初恋认识的日子。
   3 她的男朋友总是说鬼话。

2 1 (快)什么呀! 堵车的时候要一个小时。
   2 (漂亮)什么呀! 我觉得一点儿都不漂亮。
   3 我有一肚子话要说。
   4 说起来我就有一肚子的气。
   5 我起得很早，谁知路上堵车了。
   6 谁知她怎么了。

3 [예시] ①
   A 你怎么了，看起来不太高兴?
   B 前几天我倒霉透了。
   A 发生了什么事?
   B 我前天早上坐地铁去上班，谁知出站时才发现交通卡不见了。
   A 别难过了。还好不是丢了钱包。
   B 其实交通卡里的钱也不多，还算运气好的。

   [예시] ②
   A 你怎么了，看起来不太高兴?
   B 前几天我被老板骂了。
   A 发生了什么事?
   B 我用电脑做完的报告，谁知没有保存好。
   A 别难过了。人都要不小心的时候。
   B 其实我也知道是我不对，老板难免会生气。

chapter 12 游乐园

유원지

主要句子

1. 내가 어떻게 감히 당신의 말을 듣지 않겠어요!
   내가 어떻게 감히 그의 전화를 받겠어요!
   그녀가 어떻게 감히 그런 남자와 사귀겠어요!

2. 당신 왜 그래요? 울었다가 웃었다가 해요. 약 잘못 먹었어요?
   오늘 날씨는 정말 이상해요. 추웠다가 더웠다가 해요.
   당신 목소리는 높았다가 낮았다가 해요. 듣기에 정말 거북해요.

3. 당신이 가고 싶은 곳으로 가세요.
   당신이 먹고 싶은 것으로 먹어요.
   내가 오고 싶을 때 올게요.

4. 나는 다시는 그 식당에 식사하러 가지 않을 거예요.
   엄마는 다시는 화내지 않을 거야.
   그는 다시는 당신 집에 가지 않을 거예요.

会话 1

하오민과 지원은 놀이공원에 가려고 한다.

- **하오민** 내일 환러구에 놀러 가자. 듣자 하니 이번 달은 저녁에 가면 입장권이 할인된대.
- **지원** 그래? 나도 가고 싶긴 한데, 그렇지만 가고 나서는 별로 놀 만한 게 없어.
- **하오민** 롤러코스터 타는 거 좋아하지 않아? 얼마나 재미있는데!
- **지원** 내가 어떻게 감히 롤러코스터를 타겠니? 올라갔다 내려갔다, 난 절대 견딜 수 없어.
- **하오민** 당신은 담도 참 작아. 그럼 바이킹은? 바이킹에도 흥미가 없는 거야?
- **지원** 바이킹을 타기만 하면 바로 토하고 싶어. 앞에 타든 뒤에 타든 난 다 싫어.
- **하오민** 어휴! 보아하니 내 계획을 수정해야겠군.
- **지원** 정말 그렇게 가고 싶어? 가고 싶으면 가자.

会话 2

하오민과 지원이 환러구에 있다.

- **하오민** 오랫동안 이렇게 즐거웠던 적이 없었어.
- **지원** 정말 깜짝 놀랐어. 난 지금 눈을 감기만 하면 어지러워.
- **하오민** 느낌이 그렇게 강해?
- **지원** 강하든 않든, 난 앞으로는 더 이상 놀이공원에 가고 싶지 않아.
- **하오민** 아니면 이렇게 하자, 내가 당신에게 보상을 좀 할게.
- **지원** 어떻게 보상해 줄 생각인데?
- **하오민** 내가 당신에게 밥을 사 주지.
- **지원** 좋아. 하지만 말만하고 사 주지 않으면 절대 안 돼!

听一听

1. ① B　　　② A
2. ① B (智媛喜欢坐海盗船。)
   ② A (智媛以后再也不想去游乐园了。)

语法

1. 我家里没有什么可吃的。
2. 不管你去不去，我都去。
3. 我三年没回中国了。
4. 我想游游泳。

练习

1
1. 想哭就哭吧。
2. 一会儿哭一会儿笑？
3. 哪敢游泳啊！

2
1. 我今天有点儿不正常，心情一会儿好，一会儿坏。
2. 今天不太有胃口，一会儿想吃中国菜，一会儿想吃韩国菜。
3. 电脑好像出问题了，一会儿能用，一会儿不能用。
4. 这个孩子学习一点也不认真，一会儿想学英语，一会儿想学汉语。

3
[예시] ①
- A 这个周末没什么可去的地方！
- B 要不我们去看音乐剧吧。
- A 好呀，好久没和你一起过周末了。
- B 那我们就这么决定了。
- A 我先去订票，不管什么座位，你都可以吧？
- B 嗯! 好的。

[예시] ②
- A 这个周末没什么可做的事情！
- B 要不我们一起去逛街吧。
- A 好呀，一个多月没买新衣服了。
- B 那我们就这么决定了。
- A 明早十点百货商店门口见，不管下不下雨，你都要来啊。
- B 嗯! 好的。

A

爱情 àiqíng	애정, 사랑	85
碍眼 àiyǎn	눈에 거슬리다	155
安全 ānquán	안전하다	15
按摩 ànmó	안마(하다)	54

B

把 bǎ	손으로 하는 동작을 세는 단위	96
保守 bǎoshǒu	보수적이다	127
报名 bàomíng	등록하다	71
倍 bèi	배, 곱	47
笨蛋 bèndàn	바보	43
闭眼睛 bì yǎnjing	눈을 감다	169
毕竟 bìjìng	필경, 반드시, 결국	155
便利店 biànlìdiàn	편의점	54
表现 biǎoxiàn	표현(하다)	141
饼干 bǐnggān	과자, 비스킷	28
播音 bōyīn	방송하다	71
补办 bǔbàn	사후에 처리하다	57
补偿 bǔcháng	보상(하다)	61, 169
不敢 bùgǎn	감히 ~하지 못하다	138
不可思议 bù kě sī yì	불가사의하다, 상상할 수 없다	138
不然 bùrán	그렇지 않으면	15

C

参加 cānjiā	참석하다, 참가하다	71
差异 chāyì	차이	70
尝遍 chángbiàn	두루 맛보다	99
吵架 chǎojià	다투다, 말다툼하다	28
车厢 chēxiāng	(전철, 기차 등의) 객차	15
衬衫 chènshān	셔츠, 블라우스	85
成功 chénggōng	성공하다	71
吃得惯 chīdeguàn	먹는 데 익숙하다	99
吃惊 chījīng	놀라다	15
吃力 chīlì	힘이 들다	75
吃香 chīxiāng	환영을 받다	29
出口 chūkǒu	출구, 수출하다	19
出售 chūshòu	팔다, 매각하다	47
初恋 chūliàn	첫사랑	155
辞职 cízhí	사직하다	47
从来 cónglái	지금까지, 여태껏	15
粗心 cūxīn	덜렁이다, 부주의하다	57
存 cún	저축하다	43

D

搭便车 dā biànchē	히치하이크하다	68
打交道 dǎ jiāodao	교제하다, 사귀다	56, 141
大不了 dàbuliǎo	기껏해야, 고작	57
大吃一惊 dà chī yì jīng	크게 놀라다	127
大骂一顿 dà mà yí dùn	크게 한 번 혼을 내다	127
大使馆 dàshǐguǎn	대사관	57
大鱼大肉 dàyú dàròu	고기, 생선 등이 있는 요리	113
单一 dānyī	단일하다	99
胆子 dǎnzi	담, 용기	169
当面 dāngmiàn	직접 맞대다	127
导游 dǎoyóu	여행 가이드	68
倒是 dàoshi	오히려, 의외로	110
得不到 débudào	얻을 수 없다	155
电器 diànqì	가전제품	98
电台 diàntái	방송국	71
惦记 diànjì	염려하다	127
顶多 dǐngduō	기껏해야, 고작	127
东奔西走 dōng bēn xī zǒu	동분서주하다	40
动不动 dòngbudòng	걸핏하면	29
动力 dònglì	동력, 원동력	141
豆浆 dòujiāng	더우장(콩국)	103
堵车 dǔchē	차가 막히다	15
度蜜月 dù mìyuè	신혼여행을 보내다	57

对方 duìfāng	상대방	33

F

发财 fācái	재산을 모으다, 돈을 벌다	43
发生 fāshēng	발생하다	15
发型 fàxíng	헤어스타일	180
烦恼 fánnǎo	고민(하다)	113
放弃 fàngqì	포기하다	75
费用 fèiyòng	비용	61
分数 fēnshù	점수	141
疯 fēng	미치다	43
辅导 fǔdǎo	지도하다	15

G

改变 gǎibiàn	변화, 변하다, 달라지다	131, 169
赶不上 gǎnbushàng	시간에 맞출 수 없다	57
赶忙 gǎnmáng	서둘러	71
敢 gǎn	감히 ~하다	169
感觉 gǎnjué	느끼다, 느낌	155
感兴趣 gǎn xìngqù	흥미를 느끼다	141
高档 gāodàng	고급의, 고급스러운	113
高峰期 gāofēngqī	러시아워	15
搞 gǎo	하다	43
格子 gézi	네모칸, 체크무늬	85
隔壁 gébì	옆집	85
各有优点 gè yǒu yōudiǎn	각각의 장점이 있다	99
根本 gēnběn	본래, 전혀, 도무지	154
跟团旅游 gēntuán lǚyóu	단체여행	57
跟……相比 gēn……xiāngbǐ	~과 비교하다	131
工资 gōngzī	월급, 임금	43
公共场所 gōnggòng chǎngsuǒ	공공장소	127
够 gòu	충분하다, 충분히	29
孤单 gūdān	고독하다, 외롭다	155
股票 gǔpiào	주식, 증권	43
刮风 guāfēng	바람이 불다	56
刮胡子 guā húzi	수염을 깎다	54
关键 guānjiàn	관건	99
管 guǎn	간섭하다	166
管用 guǎnyòng	쓸모가 있다, 유용하다	113
光 guāng	단지 ~만 하다	127
广播员 guǎngbōyuán	아나운서	71
规定 guīdìng	규칙, 규정(하다)	47
规律 guīlǜ	규칙	40
鬼话 guǐhuà	거짓말, 허튼소리	155
过 guò	지내다, 보내다	15
过山车 guòshānchē	청룡열차, 롤러코스터	169

H

海盗船 hǎidàochuán	바이킹	169
害羞 hàixiū	부끄러워하다	131
行情 hángqíng	시세	43
好像 hǎoxiàng	마치 ~같다	117
合口味 hé kǒuwèi	입맛에 맞다	99
狠狠地 hěnhěn de	많이, 매섭게, 호되게	47
哄 hǒng	달래다, 어르다	29
后悔 hòuhuǐ	후회(하다)	166
护理 hùlǐ	보호 관리하다, 보살피다	54
护照 hùzhào	여권	57
花花公子 huāhuā gōngzǐ	바람둥이, 플레이보이	141
划算 huásuàn	수지가 맞다	43
怀念 huáiniàn	그리워하다	103
坏话 huàihuà	험담, 욕	126
黄萝卜 huángluóbo	단무지	99
婚姻 hūnyīn	혼인	33
活泼 huópo	활발, 활달하다	71

J

基金 jījīn	기금, 펀드	43
挤 jǐ	붐비다, 비집다	15
技巧 jìqiǎo	기교, 기술	71

既……也…… jì……yě……		
	~할 뿐만 아니라 ~하다	173
寂寞 jìmò	적적하다, 쓸쓸하다	155
加班 jiābān	잔업하다, 초과 근무하다	56, 117
家境 jiājìng	가정형편	33
减肥 jiǎnféi	다이어트하다	14
简直 jiǎnzhí	그야말로, 전혀	180
建议 jiànyì	건의, 제의(하다)	26
交换 jiāohuàn	교환하다	141
交换学生考试 jiāohuàn xuésheng kǎoshì		
	교환학생 시험	142
脚踏两只船 jiǎo tà liǎng zhī chuán		
	양다리 걸치다	141
接吻 jiēwěn	키스하다, 입 맞추다	127
节目 jiémù	프로그램	71
结婚 jiéhūn	결혼하다	29
解决 jiějué	해결하다	99
解释 jiěshì	해명하다, 설명하다	42
金发碧眼 jīnfà bìyǎn	금발에 파란 눈	89
尽管 jǐnguǎn	비록 ~하지만	75
尽管……但是…… jǐnguǎn……dànshì……		
	비록 ~하지만 ~하다	159
尽力而为 jìn lì ér wéi	전력을 다하다	29
尽兴 jìnxìng	마음껏 즐기다	57
进步 jìnbù	진보, 발전(하다)	71
景气 jǐngqì	경기(가 좋다)	43
纠正 jiūzhèng	교정하다	29
酒精度 jiǔjīngdù	알코올 도수	113
酒量 jiǔliàng	주량	113
决定 juédìng	결정(하다)	173

K

开放 kāifàng	개방적이다	127
开玩笑 kāi wánxiào	농담하다	138
看不上 kànbushàng	눈에 차지 않다, 맘에 안 든다	29
看重 kànzhòng	중시하다	33
烤肉 kǎoròu	불고기	103
靠 kào	의지하다, 믿다	57
科学 kēxué	과학	71
可惜 kěxī	아쉽다	152
客户 kèhù	고객, 손님	113
恐怕 kǒngpà	아마 ~일 것이다	124
口袋 kǒudài	주머니	57
口感 kǒugǎn	(입에 느껴지는) 맛	113
口味重 kǒuwèi zhòng	입맛이 강하다	99
亏本 kuīběn	본전을 까먹다, 밑지다	43
困难 kùnnan	곤란(하다)	124

L

唠叨 láodao	잔소리하다, 바가지 긁다	29
唠唠叨叨 láolao dāodao	잔소리하다	155
老实 lǎoshi	성실하다, 점잖다	140
理想 lǐxiǎng	이상(적이다)	33
厉害 lìhai	대단하다, 심하다	15
利息 lìxī	이자	43
恋人 liànrén	연인	89, 159
两全其美 liǎng quán qí měi	양쪽 모두 좋게 하다	47
令 lìng	(~로 하여금) ~하게 하다	152
留恋 liúliàn	떠나기 서운하다, 그리워하다	159
留学 liúxué	유학하다	141
搂搂抱抱 lǒulou bàobao	포옹하다	127
录取 lùqǔ	뽑다, 합격시키다	141

M

满足 mǎnzú	만족하다, 만족시키다	127
毛寸 máocùn	스포츠형 헤어스타일	86
矛盾 máodùn	모순, 갈등	155
没想到 méi xiǎngdào		
	~하리라고는 생각지도 못했다	47
美食 měishí	맛있는 음식	99

魅力 mèilì	매력	85
门票 ménpiào	입장권	169
迷 mí	빠져들다, 미혹되다	89
模特 mótè	모델	40

N

拿……来说 ná……láishuō	~을 예로 들면	131
哪有啊 nǎ yǒu a	어디, 뭐가	29
那可不 nà kěbù	누가 아니래	99
难道 nándào	설마 ~이란 말인가	43
难免 nánmiǎn	피할 수 없다, 불가피하다	155
难忘 nánwàng	잊기 어렵다, 잊을 수 없다	15
内疚 nèijiù	마음에 찔리다, 가책을 느끼다	61
能说会道 néng shuō huì dào	말솜씨가 좋다	29
牛仔裤 niúzǎikù	청바지	85
浓眉大眼 nóngméi dàyǎn	짙은 눈에 큰 눈	85
弄得 nòngde	~하게 하다	155

P

泡菜 pàocài	김치	99
泡酒吧 pào jiǔbā	술집에 처박혀 있다	113
批评 pīpíng	비평하다, 나무라다	42
凭 píng	~에 근거하다, ~에 의해	71

Q

气话 qìhuà	홧김에 한 말	155
千万 qiānwàn	절대	131
签证 qiānzhèng	비자	68
强 qiáng	강하다	169
青年旅社 qīngnián lǚshè	유스호스텔	68
清淡 qīngdàn	담백하다, 싱겁다	99
区别 qūbié	구별(하다)	99

R

| 忍不住 rěnbuzhù | 참을 수 없다 | 85 |
| 仍然 réngrán | 여전히 | 159 |

S

桑拿房 sāngnáfáng	사우나실	54
傻 shǎ	어리석다, 미련하다	26
上涨 shàngzhǎng	오르다	43
烧酒 shāojiǔ	소주	113
设施 shèshī	시설	54
社团 shètuán	동아리(사회의 각종 조직)	71
谁知 shéizhī	누가 알았겠는가	155
申请 shēnqǐng	신청하다	141
身边 shēnbiān	주위, 주변, 신변	113
深蓝色 shēnlánsè	짙은 파란색	85
深深地 shēnshēn de	깊게, 깊이	89
声 shēng	소리를 내는 횟수	96
声音 shēngyīn	목소리	71
失败 shībài	실패(하다)	141
失望 shīwàng	실망하다	152
实在 shízài	참으로, 정말	124
事实上 shìshíshang	사실상	173
适应 shìyìng	적응하다	145
收入 shōurù	수입	33
手术 shǒushù	수술	127
手续 shǒuxù	수속(하다)	61
受不了 shòubuliǎo	견딜 수 없다	169
受得了 shòudeliǎo	견딜 수 있다	15
梳 shū	(머리를) 빗다	85
暑假 shǔjià	여름 방학	126
说实话 shuō shíhuà	사실대로 말하자면	29
虽说……但是…… suīshuō……dànshì……	비록 ~하지만, 그러나 ~하다	57
随 suí	맡기다, 마음대로 하게 하다	82
随着 suízhe	~에 따라	131
所 suǒ	학교, 병원 등을 세는 단위	141
锁 suǒ	자물쇠를 채우다	166

T

谈恋爱 tán liàn'ài	연애하다	155
趟 tàng	차례, 번	57
特别 tèbié	특히, 굉장히	127
甜蜜 tiánmì	달콤하다, 행복하다	155
挑毛病 tiāo máobìng	흠을 찾다, 결점을 찾아내다	29
挑食 tiāoshí	편식하다	99
调皮 tiáopí	장난치다, 말을 잘 듣지 않다	140
同 tóng	같다	19
同时 tóngshí	동시에, 같은 시간에	19
同事 tóngshì	동료	113
同意 tóngyì	동의(하다)	173
偷偷地 tōutōu de	몰래	89
投资 tóuzī	투자하다	43
突然 tūrán	갑자기	19
吐 tù	토하다, 뱉다	169
推销 tuīxiāo	세일즈하다	113

W

外国人 wàiguórén	외국인	19
弯弯的 wānwān de	구불구불한	89
碗 wǎn	그릇, 사발, 등불을 세는 단위	14
万一 wànyī	만일	43
忘不了 wàngbuliǎo	잊을 수 없다	15
忘掉 wàngdiào	잊어버리다	113
无可奉告 wú kě fèng gào	알릴 만한 것이 없다	110
无能为力 wú néng wéi lì	역량 밖이라 아무 일도 못 하다	82
午睡 wǔshuì	낮잠	131

X

喜爱 xǐ'ài	좋아하다, 애호하다	70
下跌 xiàdiē	하락하다	43
吓 xià	놀라다, 놀라게 하다	169
闲事 xiánshì	남의 일, 자기와 상관없는 일	166
现做现吃 xiàn zuò xiàn chī	즉석에서 만들어 먹다	103
羡慕 xiànmù	부러워하다	113
相亲 xiāngqīn	선을 보다	29
想念 xiǎngniàn	그리워하다	155
想起 xiǎngqǐ	생각이 떠오르다, 생각나다	155
想象 xiǎngxiàng	상상(하다)	71
消失 xiāoshī	잃다, 사라지다	113
消息 xiāoxi	소식	43
小菜 xiǎocài	간단한 반찬, 간단한 요리	99
校园 xiàoyuán	캠퍼스	75
心上人 xīnshàngrén	마음에 둔 사람	85
行为 xíngwéi	행위	127
幸福 xìngfú	행복(하다)	29
休学 xiūxué	휴학하다	141
选择 xuǎnzé	선택(하다)	117

Y

压力 yālì	스트레스, 압력	113
腌制品 yānzhìpǐn	절임 식품	99
沿着 yánzhe	~을 따라서, ~을 끼고	57
眼光 yǎnguāng	안목	29
要求 yāoqiú	요구(하다)	29
也许 yěxǔ	아마도 ~일지 모른다	173
一般 yìbān	일반적으로, 보통	15
一部分 yíbùfen	일부분	117
一肚子 yídùzi	뱃속 가득하다, 대단하다	155
一流 yīliú	일류	141
以便 yǐbiàn	~하기 위하여	54
意想不到 yìxiǎng bú dào	생각지도 못하다, 의외다	61
因素 yīnsù	요소	89
饮食 yǐnshí	음식(을 먹고 마시다)	99
印象 yìnxiàng	인상	15

赢 yíng	이기다	70	
硬卧 yìngwò	일반 침대칸	15	
硬座 yìngzuò	일반석	15	
拥有 yōngyǒu	소유하다, 보유하다	127	
永远 yǒngyuǎn	영원하다	127	
优点 yōudiǎn	장점	155	
优惠 yōuhuì	특혜(의)	43	
油腻 yóunì	(기름기가 많아) 느끼하다	99	
油条 yóutiáo	유탸오(중국식 꽈배기)	99	
游乐园 yóulèyuán	유원지	169	
友谊 yǒuyì	우의, 우정	113	
又……又…… yòu……yòu……	~하기도 하고, ~하기도 하다	57	
娱乐 yúlè	오락	71	
愚蠢 yúchǔn	어리석다, 미련하다	33	
原因 yuányīn	원인	117	
月亮 yuèliang	달	85	
晕 yūn	어지럽다	169	
运动鞋 yùndòngxié	운동화	85	

Z

砸 zá	망치다	141
再说 zàishuō	게다가, 덧붙여 말하면	141
早就 zǎojiù	벌써, 진작	70
增进 zēngjìn	증진하다, 증진시키다	113
长 zhǎng	생기다, 자라다	29
招 zhāo	계책, 수단	82
招待所 zhāodàisuǒ	초대소(관공서, 공장 등의 숙박시설)	54
这辈子 zhèbèizi	일생	29
这么 zhème	이렇게	141
整容 zhěngróng	(얼굴을) 성형하다	127
之间 zhījiān	~간, ~사이	113
之类 zhīlèi	~의 종류	103
职业病 zhíyèbìng	직업병	29
重视 zhòngshì	중시하다	103
注意 zhùyì	주의(하다)	15
专业 zhuānyè	전공	71
赚钱 zhuànqián	돈을 벌다	43
准备 zhǔnbèi	준비하다	141
仔细 zǐxì	자세하다, 자세히	57
紫菜包饭 zǐcàibāofàn	김밥	103
自动贩卖机 zìdòng fànmàijī	자동판매기	85
自助游 zìzhùyóu	자유여행, 배낭여행	57
总 zǒng	항상, 늘	127
组织 zǔzhī	조직(하다)	75
醉 zuì	(술에) 취하다	113
做梦 zuòmèng	꿈꾸다	43

고유명사

复旦大学 Fùdàn Dàxué	푸단대학교(상하이 소재)	142
欢乐谷 Huānlègǔ	환러구(중국의 놀이공원)	170
济州岛 Jìzhōudǎo	제주도	58
耐克 Nàikè	나이키(브랜드 명)	86
欧洲 Ōuzhōu	유럽	58

목표 달성 중국어 시리즈

北京语言大学 독점 라이센스!

목표 달성 중국어 拾级汉语 Level 1

부록 워크북 단어장

吴中伟, 高顺全, 陶炼 지음 | 박정순 편역 | 176쪽 | 12과 | 13,500원

192쪽 | 12과 | 13,500원

228쪽 | 14과 | 14,500원

224쪽 | 14과 | 14,500원

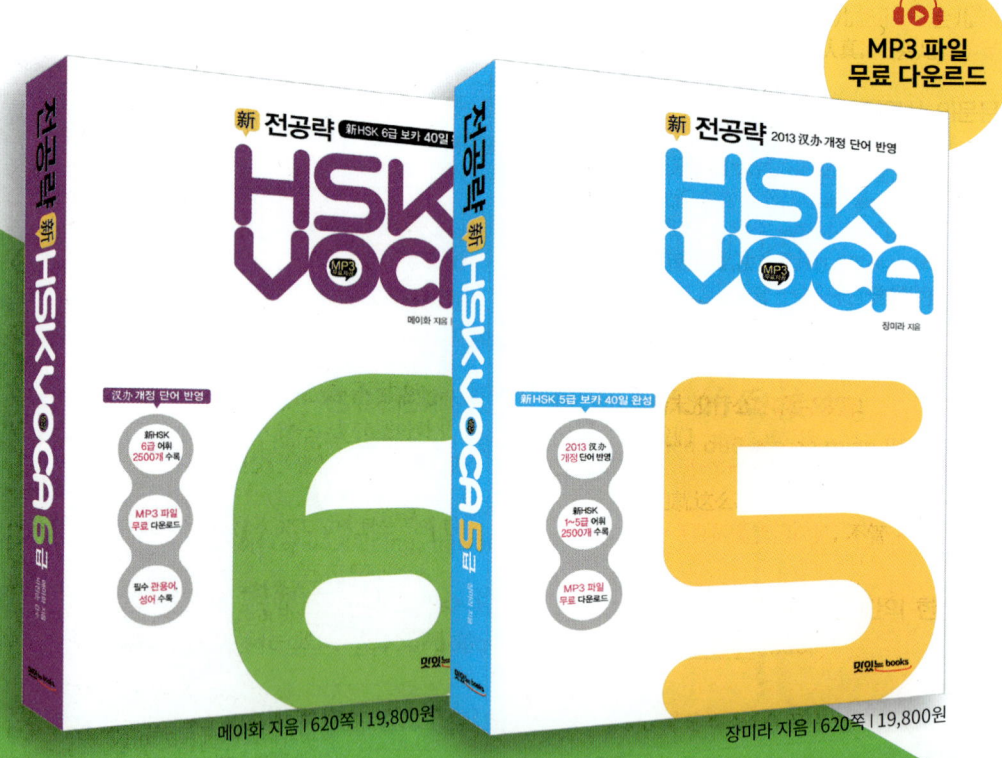

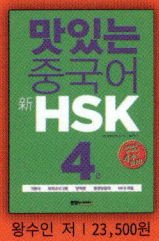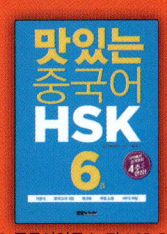

www.cyberJRC.com

맛있는인강
THE 강력해진 FULL PACK 시리즈로 돌아왔다!

중국어 全 강좌 무한 반복 수강!

맛있는 무.한.수.강 FULL PACK

全 강좌 무한 수강

BEST 교재 증정

전화중국어 이용권 증정

전문 강사의 학습 피드백

맛있는 중국어 全 단계 무한 반복 수강!

맛있는 중국어 회화 FULL PACK

학습자료 PDF 증정

3·6·12개월 선택 가능

1~3단계 리뉴얼된 강의 제공

전문 강사의 학습 피드백

HSK 全 급수 무한 반복 수강!

HSK 全 급수 FULL PACK

학습자료 PDF 증정

3·6·12개월 선택 가능

온라인 모의고사 제공

전문 강사의 학습 피드백

맛있는중국어와 카카오톡 플러스친구 맺으면 **1만원 할인권** 증정!
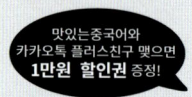

친구 등록하고 실시간 상담 받기
@맛있는중국어JRC